APERÇU
HISTORIQUE ET STATISTIQUE

DE LA

CULTURE, DU ROUISSAGE

ET DU

COMMERCE DU LIN

Dans l'arrondissement de Lille.

Par M. JEAN DALLE.

« Il est bien peu d'intérêts aussi grands pour la France, que la production du lin. »

J. L.

LILLE,
IMPRIMERIE DE LELEUX, GRAND'PLACE, 8.

1860

APERÇU
HISTORIQUE ET STATISTIQUE

DE LA

CULTURE DU ROUSSAGE

et de la fabrication des toiles, notamment de blanchissage en Flandre, ... comité central de Lille.

COMMERCE DU LIN

et à l'intention de ... de l'arrondissement de Lille.

Par ***DAVID***, ...

« Il est bien peu d'intérêts aussi grands pour la France
qu'ceux qui se rapportent au LIN. »

LILLE

IMPRIMERIE DE ..., GRAND'PLACE, ...

1836

AU LECTEUR.

Lorsque l'on considère le nombre prodigieux de filatures de lin en activité dans l'arrondissement de Lille, la grande quantité d'ouvriers qu'elles occupent, les immenses capitaux qu'elles nécessitent, les produits aussi riches que variés qui en découlent, on ne peut se défendre d'un vif sentiment de surprise et d'admiration. L'industrie linière, en général, depuis la culture du lin jusqu'à la fabrication de la toile, a acquis dans notre contrée le plus haut degré de perfection, et l'antique renommée des lins de Flandre ne fait que s'accroître, grâce aux soins assidus du cultivateur et surtout aux perfectionnements apportés au rouissage du lin *de la Lys*.

Malgré l'utilité que peut apporter la connaissance des travaux si diversement exécutés pour le rouissage et la préparation du lin, peu d'auteurs ont traité cette importante matière. Jusqu'aujourd'hui, la plupart des écrits qui ont paru sur le lin et l'industrie linière se bornaient à des études faites par quelques membres de la *Société des sciences, de l'agriculture et des arts*, ou du *Comice agricole*, lesquels ont toujours montré un zèle et un intérêt particulier pour tout ce qui a rapport à cette belle culture.

M. Th. Mareau vient de combler cette lacune si regrettable, en publiant ses recherches sur *la culture et la préparation du lin et du chanvre en Belgique, en Hollande, en France, etc.*

Ce remarquable ouvrage est un examen approfondi, très savamment discuté, sur tout ce qui intéresse l'industrie linière, et particulièrement les différents modes de rouissage du lin. La supériorité du lin de *la Lys* ou *de Courtrai* est parfaitement démontrée dans cet important travail, et comme plus des deux tiers des lins récoltés dans nos environs sont rouis dans la Lys, il en résulte que les meilleurs lins employés dans nos magnifiques usines sont précisément ceux récoltés dans l'arrondissement de Lille.

Les populations riveraines de la Lys, qui ne s'occupent que du commerce de lins, furent vivement alarmées à la fin du mois de juin 1860, par la défense de rouir le lin dans cette rivière, défense portée par le gouvernement belge et insérée dans le *Moniteur* du 23 juin 1860.

L'arrêté qui porte cette défense est précédé d'un rapport adressé au roi par les ministres de l'intérieur et des travaux publics, rapport qui conclut en ces termes :

« La mesure proposée, *donnera une satisfaction légitime aux intérêts lésés par l'altération des eaux de la Lys*, et nous ne pensons pas qu'elle soit de nature à porter préjudice à l'industrie linière ; mais pour qu'elle atteigne son but, il est indispensable qu'elle soit étendue au rouissage pratiqué dans la Lys française et mitoyenne. Des négociations sont engagées à cet effet.

Nous avons regardé comme un devoir de donner ce petit *aperçu*, afin de prouver la supériorité des lins de la Lys et l'inopportunité de la défense de rouir les lins dans cette rivière, défense qui ruinerait les contrées riveraines et porterait atteinte aux meilleurs produits destinés à la filature; et comme il est indispensable pour l'agriculture, comme pour l'industrie linière en général, d'avoir pour ses produits un écoulement facile et avantageux, nous avons cru qu'il ne serait pas inutile de considérer sommairement les différentes causes qui ont exercé quelqu'influence sur la *culture* et le *commerce* des lins dans notre pays, spécialement depuis le rouissage du lin au *ballon*, en usage seulement depuis le commencement de ce siècle (1804).

Nous ne dirons rien des soins que nécessite la culture du lin, ni des dangers auxquels elle est constamment exposée. L'honorable Vice-Président du Comice agricole de Lille (1) a retracé, avec ce savoir fondé sur une longue suite d'expériences, tout ce que cette culture, trop souvent rebelle aux soins assidus du cultivateur, lui nécessite de prévoyance et de travaux, en même temps qu'elle exige une mise de fonds considérable, comparativement aux autres cultures. Nous n'en-

(1) M. Lecat-Butin. V. *Archives de l'agriculture du Nord de la France.*

treprendrons pas non plus de retracer dans cette petite notice les progrès presque incroyables apportés depuis vingt ans dans la filature du lin : ce travail dépasserait nos faibles connaissances. Mais ces perfectionnements industriels n'ont-ils pas exercé une influence qui, bien qu'indirecte, n'a pas été sans agir sur la préparation et le rouissage du lin ?... Telle qualité, la *couleur*, par exemple, que nos fileuses regardaient comme de toute nécessité, n'est actuellement considérée, par la filature mécanique, que comme un accessoire presque inutile, depuis l'application générale de la découverte de Berthollet. Tandis que les lins *doux*, qui n'étaient pas recherchés, sont très demandés de nos jours, parce qu'il est universellement reconnu que ces lins se filent plus régulièrement, en même temps qu'ils fatiguent moins le matériel des filatures dont l'entretien occasionne de nombreuses dépenses.

Ces différentes modifications survenues dans la manière de filer, ont naturellement modifié les divers procédés de rouissage du lin; mais nous verrons que dans aucun mode de rouissage et de préparation, on n'a mieux répondu aux améliorations réclamées par la filature que dans celui de la Lys ou de Courtrai.

Quant à la forme de cette notice et au style de notre récit, nous déclarons ingénument que nous n'avons aucune prétention au titre d'écrivain ou d'homme de lettres, et que notre unique but est d'être utile. Nous avons mis tous nos soins et toute notre application à présenter les diverses circonstances relatives à la culture et au rouissage du lin dans leur jour le plus vrai, nous appuyant autant que possible sur des documents impartiaux et particulièrement sur l'opinion du savant M. Mareau à qui l'industrie linière doit tant, et qui a discuté avec un rare talent, tout ce qui a rapport à cette belle culture. Nous engageons fortement tous ceux qui s'occupent de l'industrie ou du rouissage du lin à consulter ces ouvrages remarquables; ils y trouveront tout ce qui intéresse le commerce et l'industrie linière, spécialement les procédés mécaniques qui s'y rapportent.

Quant à nous, nous avons simplement mentionné ce que nous avons jugé digne d'intérêt, et, s'il nous est échappé quelqu'erreur, nous déclarons hautement qu'elle est involontaire, et nous remercions à l'avance ceux qui nous la feront découvrir. Nous nous recommandons, pour le reste, à l'indulgence de nos lecteurs et à la sympathie de tous ceux qui s'occupent de l'industrie, de la culture ou du commerce de lins dans l'arrondissement de Lille.

APERÇU
HISTORIQUE ET STATISTIQUE
DE LA
CULTURE, DU ROUISSAGE ET DU COMMERCE
DU LIN
DANS L'ARRONDISSEMENT DE LILLE.

I.

Supériorité du rouissage du lin de la Lys ou de Courtrai. — Antique renommée des lins de Flandre. — Recherches historiques sur la culture et le commerce de lins dans ce pays. — Entraves apportées au rouissage du lin et du chanvre.

« Selon toutes les apparences, dit M. Dermott dans son rapport à la Société royale d'agriculture d'Angleterre, le meilleur système pour rouir le lin est celui qui consiste à le déposer dans des cours d'eau, d'après la méthode en usage à Courtrai, le principal canton linier de la Belgique. Le lin, ainsi préparé, atteint en général un bien plus haut degré de perfection que celui auquel on arrive par les autres procédés. Mais *il y a dans l'eau de la Lys certaines propriétés particulières qui la rendent admirablement propre au rouissage.* » (1)

« On a remarqué, rapporte M. T. Mareau, que les eaux de la Lys sont plus favorables au rouissage entre Courtrai et la frontière française, qu'entre Courtrai et Gand. La seule raison qu'on en donne, c'est la pureté et la limpidité de l'eau naturellement plus grandes quand on se rapproche de la source. » (2)

Nous ajouterons, ce que l'expérience nous a démontré, que les eaux de la Lys sont plus favorables au rouissage du lin lorsqu'elles sont unies à celles de la Deûle ; c'est ainsi que le lin roui à Houplines ou à Frelinghien, a toujours moins de douceur et de finesse, que celui roui dans la Lys après la jonction de la Deûle.

On appelle généralement les lins de la Lys : *lins de Courtrai*, à cause du marché qui se tient le lundi de chaque semaine en cette ville ; mais le rouissage de ces lins s'effectue presque en aussi grande quantité sur la rive française que sur la rive belge. (3) Le rouissage des lins de la Lys, entre la jonction de la Deûle et Courtrai, a lieu, en Belgique, dans les communes de Warneton, Comines, Wervick, Menin, Wevelghem et Courtrai, et sur le territoire français à Deûlémont, Warneton-Sud, Comines, Wervick, Halluin, et particulièrement au village de Bousbecque qui a acquis une grande renommée pour le rouissage du lin de la Lys. (4)

---

(1) M. Mareau, page 237.

(2) Idem, page 12.

(3) On sait que la Lys est mitoyenne et sert de limite entre la France et la Belgique.

(4) Le même système de rouissage du lin est pratiqué dans la Deûle à Wambrechies et à Quesnoy-sur-Deûle ; mais généralement ces lins ont une couleur plus pâle et sont moins réguliers que ceux rouis dans la Lys, ce qui provient de la qualité des eaux de la Deûle, souvent corrompues par les égouts de Lille et le résidu des nombreuses fabriques qui fonctionnent sur les bords de cette rivière.

Le rouissage du lin, dans ces contrées, remonte certainement à une époque très-éloignée, et il serait bien intéressant de connaître quand et par quels peuples il a été introduit. « L'origine et l'usage du lin, dit M. Mareau, (1) se perd dans la nuit des temps. On n'a découvert encore, dans aucun des monuments historiques que nous possédons, des renseignements sur la découverte, ni sur les premiers essais de tissage qui en ont été faits. De toute antiquité, on trouve l'usage des tissus de lin établi chez les peuples primitifs, son histoire est en quelque sorte celle du blé. Dès que les hommes apparaissent réunis en société, on les voit sachant se nourrir et se vêtir, sans qu'on puisse découvrir par quels moyens successifs, ils sont arrivés à amener à ce degré de perfection, l'agriculture et l'art de tisserand. »

Dans l'écriture sainte, il est fréquemment parlé d'habits de lin, et ces qualifications semblent indiquer que ces vêtements n'étaient portés que par les gens de distinction : Ne voit-on pas, au *livre des Rois*, David dansant devant l'arche revêtu d'un ephod de lin ?...

« Chez nos pères, dit un historien flamand, (2) dès leur première apparition dans l'histoire, on voit des vêtements d'étoffes tissées ;... les voiles de leurs vaisseaux sont de toile ; leurs femmes portent des robes de lin à l'arrivée de César. (3) Ces robes elles les tissaient et les filaient elles-mêmes... » (4)

---

(1) Rapport à M. le Ministre de l'agriculture.
(2) *Magasin belge* (1838), page 116.
(3) On suppose que la culture du lin aurait été introduite dans notre pays environ trois siècles avant l'ère chrétienne, par l'invasion des hordes barbares venues des bords de la mer Noire. Quoiqu'il en soit, il est avéré que déjà, lorsque les Romains arrivèrent dans nos contrées, la culture du lin et l'art de le convertir en toiles y étaient connus, et le *sarreau*, appelé d'abord *sagum*, et qui est encore aujourd'hui le vêtement indispensable du laboureur, faisait déjà alors partie du costume national de nos ancêtres... (*Conférence sur la culture et la préparation agricole du lin*, page 6.)
(4) On peut remarquer à ce propos, que chez tous les peuples on a attribué aux femmes l'invention de l'art de filer. Les Chinois font honneur de cette découverte à l'impératrice, femme d'Yao ; les Egyptiens, à Isis ; les Lydiens, à Arachné ; les Grecs, à Minerve ; les Péruviens, qui étaient civilisés quand l'Europe tomba sur eux, à Mama-Oella, femme de Manco-Capac, leur premier Inca. (*Magasin belge*, 1838.)

..... « Chez les Romains, continue le même auteur, l'usage du lin fut inconnu avant César : Les Romains ne portaient pas de chemise : on ne se servait dans les repas ni de nappes ni de serviettes et on couchait dans des lits sans draps. Ce n'est qu'après la conquête des Gaules-Belgique, qu'on voit les dames romaines porter des robes de lin ; *il n'est pas impossible, que cette amélioration ne soit venue à Rome de nos contrées.* On voit, sous Auguste, les Romains tirer beaucoup d'étoffes du pays des *Atrebates* maintenant *Arras*. »

Nous croyons l'hypothèse de cet auteur trop hardie, et bien qu'il soit hors de doute que la culture du lin et le tissage soient connus et pratiqués dans les Gaules avant l'arrivée des Romains, il n'est pas vraisemblable que les vainqueurs du monde, qui étaient plus civilisés que nos Gaulois, n'eussent eu connaissance de cette culture avant la conquête de notre pays.

Quoiqu'il en soit, nous voyons l'usage des vêtements de lin généralement répandu au commencement de l'ère chrétienne.

D'après saint Epiphane, à cette époque, les femmes filaient et tissaient le lin. Ces vêtements étaient en couleur pour les personnes riches, et les pauvres portaient des tissus qui conservaient leur couleur naturelle. (1)

Malheureusement pour notre pays, les élans d'une industrie naissante, que nous avaient donnés les maîtres du monde, avaient disparu avec la puissance romaine. « Vers la fin du V° siècle, l'invasion des Barbares vint couvrir l'Europe de désastres et de ruines. Au milieu des provinces dépeuplées et des pays les plus fertiles convertis en vastes déserts, il fut impossible aux infortunés qui survécurent de s'occuper d'art ou de commerce. L'industrie, anéantie, ne put renaître sous le système féodal ; il fallut

---

(1) Saint-Epiphane prouve cette opinion, par le voile de lin que la mère de Dieu portait sur la tête, et qui, au temps de cet écrivain, était gardé comme une relique très précieuse.

Charlemagne pour la ranimer de ses cendres... » Charlemagne comme Auguste portait des tuniques que sa femme avait filées. (1)

« Un siècle après, on travailla comme auparavant, non seulement le lin et la laine, mais encore on employa diverses couleurs, telles que la gaule, la garance, la pourpre, etc.; on fit des peignes, des lames, du savon, des vases, etc.; mais cet instant de progrès ne fut qu'un éclair rapide qui disparut sous les faibles successeurs du puissant empereur Charlemagne.

« Cependant la Flandre fut plus heureuse; Baudouin III, associé à son père Arnould-le-Vieux, encouragea le commerce au X° siècle, créa des manufactures, et fut l'instigateur de la prospérité commerciale de ce pays. Pour faciliter la vente des produits de l'agriculture et l'écoulement des marchandises des nouvelles fabriques, il établit des marchés publics à Bruges, à *Courtrai*, à Thourout, à Cassel et suivant Panckoucke et Losbroussart à Tourcoing. » (958)

..... « Pendant que la Flandre maintenait avantageusement sa situation commerciale, les croisades amenaient une grande révolution dans l'industrie. La civilisation et les manufactures de l'Orient, devaient naturellement avoir une grande influence sur les croisés, et étendre leurs idées et leurs vues. ... »

..... « Des causes plus puissantes viennent bientôt donner une nouvelle impulsion aux transactions. L'établissement des communes, au XII° siècle, par Louis-le-Gros, ou plutôt la restitution de leurs anciens privilèges, en rendant chaque citoyen propriétaire du fruit de son travail, encouragea les efforts du génie industriel. La découverte de la boussole, en permettant une navigation plus audacieuse, facilita les communications commerciales avec les nations éloignées. Les Italiens, aux XII° et XIII° siècles, organisaient de grandes sociétés connues sous le nom de *Lombards*, pour servir de commissionnaires de transport et de banquiers à toute

---

(1) N'a-t-on pas vu, à la fin du XVII° siècle, la seconde femme de Louis XIV, M™° de Maintenon, vouloir relever la quenouille; elle filait au milieu du conseil des ministres qui se tenait dans ses appartements.

l'Europe ; enfin, la colossale association de la *Ligue anséatique* formée vers le milieu du XIII° siècle entre 80 villes commerciales, devint l'intermédiaire des échanges des nations du globe.

« Sous l'empire de ces avantages, la Flandre atteignit une prospérité qui la rendit longtemps le pays le plus riche, le plus peuplé et le mieux cultivé de l'Europe. » (1)

« Le commerce devint étendu ; toutes les nations engourdies, nous laissaient le monopole du drap et de la toile. Sous Philippe d'Alsace, les étoffes de Flandre se transportent dans tous les pays. Au XII° siècle, on compte à Louvain cent mille tisserands ; au XIV° siècle, des populations entières s'enrichissent de l'industrie linière, et dans toutes nos villes le premier métier est, en général, le métier de tisserand. »

Une chronique du XIII° siècle, citée par Mathieu de Wersmister, dit aussi que le monde entier venait chercher ses vêtements en Flandre.

Les toiles de Courtrai sont déjà, au XIV° siècle, célèbres et recherchées, et cette ville faisait un si grand commerce de cette brillante industrie, que le roi Charles VI, en 1382, après la bataille de Rooschekc, au moment où il rasait Courtrai, fit aux habitants les offres les plus avantageuses, s'ils voulaient *porter leur trafic en France*, mais eux, bons patriotes, firent réponse qu'ils aimaient mieux être pauvres dans leurs pays, que riches chez l'étranger. Plus tard, quand les hollandais s'emparent du commerce maritime, comme les toiles de Flandre sont vendues par des marchands hollandais, on les appelle toiles de Hollande ; c'est un abus qui s'éteint, et on les nomme de nouveau toiles de Flandre ou de Courtrai.

Mais si les toiles de ce pays sont alors si renommées, ce n'est sans doute pas seulement parce que le génie du fabricant et les soins de l'ouvrier les faisaient tisser merveilleusement, mais aussi

---

(1) *Histoire de Tourcoing*, par M. Roussel-Desfontaines. *(Industrie.)*

parce que la matière première, *le lin*, avait subi une préparation convenable pour ces ouvrages si recherchés.

Lorsque Isabelle fit sa première entrée à Courtrai, on représenta devant elle, sur un théâtre, tous les travaux de l'industrie linière qui occupait alors comme aujourd'hui tant d'ouvriers et qui nourrissait honorablement tant de familles.

« On avait dressé un théâtre à dix degrés, qui se succédaient en tournant autour de la place. L'industrie linière y était représentée dans toutes ses phases. Sur le premier gradin, on préparait la terre et on y semait le lin ; sur le deuxième, le lin avait poussé, il couvrait le sol de sa verdure, des paysans le sarclaient ; sur le troisième, le lin était mûr, on le cueillait, on l'assemblait en petites bottes, et on en retirait la graine qui donne de l'huile ; sur le quatrième étage, où l'on avait pratiqué une petite pièce d'eau, on le faisait rouir ; sur le cinquième, on le faisait sécher et des villageois le teillaient ; séparé de sa paille, on peignait le lin ; sur le sixième espace, on le filait ; sur le septième ; sur le huitième, on le tissait ; sur le neuvième, on blanchissait la toile au pré ; sur le dernier étage, un marché était établi, on y vendait, à la mesure, la toile de lin. » (1)

« Sous le sage gouvernement des archiducs Albert et Isabelle, la Flandre respira en paix pendant quelques années, et put se relever du triste état où la guerre et les dissentions intestines l'avaient plongée. »

Les quinze années qui suivirent la mort de l'archiduchesse, (décédée en 1633), ne furent pas aussi favorables à l'industrie. Déjà la fabrication de Louvain et de Courtrai, s'était considérablement ralentie ; mais le même soin présidait au rouissage du lin, dont la réputation était toujours aussi généralement reconnue.

« L'histoire nous fera constater un fait, c'est que, dans tous les siècles, on voit le commerce éprouver des vicissitudes continuelles,

---

(1) On répéta le même spectacle à Roulers, quand le roi Léopold passa par cette ville en 1834.

et passer alternativement d'une grande activité à une stagnation prolongée. En 1691, la multitude des impôts, les obstacles apportés à l'exportation des grains, les entraves imposées à la fabrication des tissus par les règlements, les droits excessifs sur les matières premières, amènent une longue crise commerciale ; mais pendant ce temps, l'industrie perfectionne la fabrication, et parvient à rétablir les affaires après quelques années. »

Cependant nos lins continuent d'être les plus estimés, et leur renommée était devenue universelle. Le dictionnaire de commerce, ouvrage posthume de Jacques Savary de Bruslons, imprimé en 1723, rapporte que la France tire une assez grande quantité de lins des pays étrangers : « La mer Baltique, le Holstein, la Moscovie et la Flandre, en fournissent beaucoup à leurs fileuses et à leurs tisserands. *Le lin de Flandre*, ajoute-t-il, *a une grande réputation*; celui de Picardie en approche. Parmi les lins étrangers ceux de Riga et de Kœnisberg sont les plus estimés. »

Remarquons-le, dans toutes les industries, lorsqu'on rapporte les progrès qu'elle a suivie, on est assez heureux pour voir, dans les causes de cette perfection, une intervention favorable des gouvernements. Le contraire a lieu pour le rouissage du lin qui a été constamment l'objet de défenses de la part des gouvernements successifs. Nous empruntons à M. Mareau le résultat de ses recherches à cet effet.

« La coutume de Normandie, chapitre IX, article 209, porte que « rotours ou rotouers (routoirs), ne peuvent être faits en eau courante ; et si aucun veut détourner pour en faire, il doit vider l'eau dudit rotoir en sorte qu'elle ne puisse retourner à la rivière. »

La coutume d'Amiens porte « qu'on ne peut rouir, lin, chanvre et autres choses aux rivières ou marais publics du haut et moyen justicier, ni autrement empêcher lesdits marais ou rivières, sans le congé du seigneur et sans encourir l'amende de 60 sols parisis. »

Celle du Hainaut porte « qu'on ne pourra mettre ni lin, ni chanvre es-rivières ou eaux courantes, sous peine de cinq sols d'amende et de confiscation des lins et chanvres. »

Celle de Mons porte « que nul ne peut mettre ni lin, ni chanvre rouir en rivières courantes, ni en rivières ou fossés rapissonnés, sur lois de cinq sols blancs, et le lin et le chanvre acquis au Seigneur. »

Celle du bourbonnais porte « qu'on ne peut mettre ni lin ou autres choses portant poison en étangs, pêcheries, gares et marais appartenant aux particuliers, sans leur vouloir ni congé. »

Par arrêt des juges en dernier ressort, du 26 juillet 1537, pour le comte de Saint-Fargeau, contre les habitants de Saint-Fargeau, il leur fut défendu « de mettre à rouir leurs lins et chanvres dans les rivières, sous peine de privations des droits de pêche qu'ils pouvaient y avoir et d'amendes arbitraires. »

L'ordonnance du roi d'Espagne du mois de juillet 1627, portant règlement pour la pêche aux bords de la mer et dans les rivières de *l'Escaut, la Durne, la Lys, la Deûle et autres courants et canaux de Flandre*, porte que « personne ne s'ingère aussi de rouir le lin dans les mêmes rivières, ni dans les mares et larges fossés, ni ès-écarts d'iceux ayant communication avec lesdites rivières, à peine de forfaiture et chaque fois la somme de 20 florins. »

Avant l'établissement des maîtrises en Flandre, le sieur Debagnol, intendant, fit défense aux habitants des lieux de la Haute et Basse-Deûle, marais et canaux y affluant, d'y faire rouir leur lin et chanvre, à peine de confiscation et d'amende de cent florins, sauf à faire rouir dans les eaux dormantes qui ne se déchargent pas dans lesdites rivières, et aux lieux où il n'y aurait d'autres commodités que des rigoles et des canaux dont les eaux auraient communication avec ces rivières, permettant de se servir desdites rigoles, à la charge de boucher les ouvertures de chaussées de terre forte, larges de dix pieds au moins, qui ne pourraient être ouvertes avant la fin du mois d'octobre.

La défense de faire rouir le lin et le chanvre dans les ruisseaux, est réitérée en France, par les arrêts du conseil des 27 juin 1702, 17 décembre 1713, 11 septembre 1725, 26 février 1732, et 28 décembre 1756.

« Ces détails et d'autres que je n'ai pas cru nécessaire d'analyser, ajoute M. Mareau, se trouvent en entier dans le *Traité général des eaux et forêts*, de Baudrillard. Ce savant explique la multiplicité et la sévérité des règlements sur les routoirs « par la décomposition du lin et du chanvre, qui corrompt l'eau et fait mourir le poisson, et occasionne des maladies aux bestiaux qui y vont boire et même aux habitants »

Cette défense de rouir, apportée depuis un temps si reculé, dût être bien souvent préjudiciable aux rouisseurs de lins. Nous la voyons surgir de nouveau en France à plusieurs reprises, notamment par un arrêté de M. le Préfet du Nord en date du 1ᵉʳ août 1825, et le gouvernement belge vient de la renouveler temporairement par l'arrêté royal du 23 juin 1860, que nous avons rapporté. On conçoit quelle importance on doit attacher à la question de salubrité du *rouissage du lin*, que M. Mareau a très savamment discutée et auquel nous ajouterons quelques observations relativement au lin de la Lys.

II.

Rouissage du lin dans les MONTÉES. — Rouissage au BALLON. — Blanchissage du lin. — Aperçu sommaire de la récolte et du commerce de lins dans l'arrondissement de Lille jusqu'en 1830.

Avant 1805, le lin ne se rouissait pas dans la Lys, mais bien dans des affluents de cette rivière, creusés sans doute à cet effet, et auxquels on donnait le nom de *montées*. « Ces fosses, sans être de grandeur uniforme, avaient généralement 6 à 8 mètres de largeur sur 12 à 20 mètres de longueur ; elles étaient mises en rapport avec la rivière au moyen de barricades formées avec des pieux et des perches qu'on fixait dans la rivière à quelque distance du rivage... » (1) Les gerbes de lin y étaient placées horizontalement et à fleur d'eau ; chaque matin un ouvrier venait faire subir à ces gerbes une demi-circonférence, en sorte que le lin se trouvait alternativement dans l'eau et au contact de l'air jusqu'à ce qu'il fût parfaitement roui.

Ce mode de rouissage du lin, reconnu alors comme le meilleur, présentait cependant des inconvénients qui ont cessé depuis qu'on rouit le lin au *ballon*. D'abord, parce qu'il nécessitait plus de labeurs, et ensuite parce qu'il laissait souvent à désirer sous le rapport de *la régularité* et de la *couleur*, qualités très recherchées à cette époque.

A la fin du siècle dernier, presque toutes les ouvrières de notre industrieuse Flandre ne s'occupaient qu'à filer le lin. Grâce au dé-

---

(1) M. T. Mareau dit que « le lin placé dans ces routoirs était maintenu sous la superficie de l'eau au moyen de perches et de bâtons entrelacés et liés ensemble. » C'est une erreur, seulement les différentes sortes de lin étaient séparées par des perches, c'est ce qui aura fait supposer que ces bâtons servaient à enfoncer le lin qui restait au-dessus de l'eau sans aucun support.

gré de perfection qu'elles avaient atteint dans ce travail, et surtout à l'heureux choix des matières qu'elles puisaient dans le pays même, l'antique renommée de nos fils ne faisait que s'accroître, et le commerce de lins aurait pris sans doute, dès 1790, l'extension qu'il devait avoir plus tard, si les terribles événements qui devaient s'accomplir n'étaient venus de nouveau jeter la misère dans nos campagnes.

Il est inutile de rappeler le triste état des événements survenus à cette époque dans notre malheureuse patrie. Fatiguée des horreurs de l'anarchie dans laquelle la laissait vivre un gouvernement sans force et sans dignité, la France se jette dans les bras de Bonaparte, et bientôt, sous la main ferme et énergique du vainqueur de l'Orient, l'ordre se rétablit, la confiance renaît, l'industrie se relève de son anéantissement et le commerce de lins semble reprendre quelque vigueur.

Heureusement, plusieurs bonnes récoltes avaient approvisionné les arrondissements de Lille, d'Ypres et de Courtrai, et comme les fils de lins étaient bien recherchés, nos fileuses gagnaient de bons salaires, tandis que nos négociants écoulaient facilement leurs produits, et semblaient oublier, dans les bénéfices de leur commerce, les lourdes charges qu'une guerre poussée à outrance faisait peser sur notre pays.

A cette époque, la plupart des lins récoltés dans nos contrées y étaient filés; quelques parties cependant s'expédiaient en Normandie. Nos fileuses tenaient absolument à ne se servir que de bons lins, qu'elles achetaient jusqu'à six francs et plus la botte, (1) pourvu toutefois que ces lins eussent de belles couleurs, ce qu'elles regardaient de toute nécessité.

Pour obtenir ces couleurs si recherchées, on faisait subir au lin une manipulation de trois années, qu'on appelait, à cause du laps de temps qu'elle nécessitait et du moment où on blanchissait le lin,

---

(1) La botte pèse environ 4 kilogr. 420 grammes.

blanchissage de mars ou *blanchissage au grand tour*. (1) Si le temps était favorable pour effectuer ce travail, on obtenait des couleurs magnifiques dont on ne pourrait se faire une idée, aujourd'hui que ce mode de blanchissage a cessé. (2) Mais aussi, s'il survenait des orages pendant que le lin couvrait les prairies, ou si des pluies considérables occasionnaient des débordements de la Lys, le lin perdait la presque totalité de sa valeur. Combien de fois ne verrons nous pas, dans le court examen des différentes récoltes de lin que nous allons commencer, le mois de mars pluvieux, inonder les prairies et anéantir en quelques jours le fruit d'un long travail et d'une mise de fonds considérable ? C'est ainsi que l'on ne se rappelle que trop les terribles conséquences des pluies et des inondations des années 1816, 1824 et 1827.

Comme le rouissage du lin de la Lys était de plus en plus estimé, que les quantités de lins qu'on y amenait augmentaient chaque année, les *montées* se trouvaient trop exiguës pour suffire à tous les besoins, c'est ce qui fit imaginer la construction de grands bacs qu'on plaça dans la rivière, et auxquels on donna le nom de *ballons*.

« Ces ballons, dit M. Mareau, représentent une caisse carrée sans couvercle, dont le fond et les parois ont plus de vide que de plein ; ils doivent avoir environ 1 mètre 20 c. de hauteur sur 4 mètres de long et de large. La dimension de la hauteur est la seule qu'il soit nécessaire d'observer ; elle est commandée par la longueur des lins. On peut bien mettre des lins courts dans un ballon plus haut, mais

---

(1) Il ne faut pas confondre le *lin de mars* dont nous venons de parler avec celui roui sur terre qu'on a blanchi pendant ce mois, et auquel M. Mareau donne le même nom. Les lins de la Lys, qu'on appelait lins de mars, étaient les lins rouis au *grand tour*. Nous verrons dans la suite pourquoi et comment ce mode de rouissage et de blanchissage est entièrement supprimé.

(2) On blanchit bien encore de temps en temps quelques parties de lins ; mais ce blanchissage s'opère en quelques jours ; et si on obtient de très belles couleurs comparativement au lin *vert*, ces couleurs laissent bien à désirer, comparées au lin blanchi au *grand tour*.

il y aurait de l'inconvénient pour le lin, s'il dépassait les bords du ballon qui sont destinés à le maintenir et à le protéger. Ceux qui font métier de rouir le lin, ont des ballons à contenir 120 bottes d'environ 5 kilog. chaque botte. (1) Le rouissage se faisant payer un prix uniforme, 6 francs par ballon, chacun de ces ballons devait naturellement avoir la même capacité. Celui qui ferait rouir pour son compte, serait parfaitement libre d'avoir des ballons plus ou moins grands.

« Sauf le cas où le lin serait très-court, chaque botte doit être attachée avec trois liens en paille, (2) c'est dans cet état qu'on le place verticalement dans les ballons. Quoique les eaux de la *Lys* soient généralement bien limpides, on a cependant soin de garnir de paille les parois verticales des ballons, afin que les corps étrangers apportés par la rivière ne soient pas introduits dans le lin. Quand le ballon est garni de lin, on met une couche de paille sur le tout. On y place la quantité de planches nécessaire pour maintenir la paille (3), et au moyen de pierres, on charge sur des planches jusqu'à ce que le *ballon* soit maintenu sur la surface de l'eau, sans aller cependant jusqu'au fond de la rivière. (4)

---

(1) Le ballon contient 1,000 à 1,200 kilogr. de lin brut.

(2) Ces gerbes, ainsi liées, sont d'une grosseur égale à leurs deux extrémités. Le lin étant toujours plus gros au pied qu'à la tête, on place dans ces gerbes appelées, vulgairement *banjeaux* la moitié du lin d'un côté, et l'autre moitié en sens contraire.

(3) Comme le ballon peut s'extraire aisément de la rivière, on le remplit sur la rive, et on le pousse à l'eau lorsque la paille et les planches sont placées. On n'y met les pierres que quand il est à l'eau.

(4) Grâce à l'emploi de ces moyens, le lin est mis à l'abri des inconvénients d'un courant trop rapide, l'effet de ce courant étant paralysé par la paille qui garnit les parois du ballon. Les mêmes causes le préservent du limon et des autres objets que peut charrier la rivière.

Le lin n'a rien à craindre de la variation du niveau de l'eau, il en suit les mouvements, ce qui ne peut avoir lieu quand le tas repose sur le sol même de la rivière. Enfin, le *ballon* étant amarré au rivage, on n'a pas à craindre qu'une crue ne l'enlève et ne le disperse. (Th. Mareau).

On ne tarda pas à reconnaître la supériorité de ce nouveau mode, car le lin placé verticalement et en entier dans l'eau était plus régulier et sa couleur plus claire que celui roui à l'ancien système, lequel ne tarda pas à être complètement abandonné. (1)

Le commerce se maintint quelques années, et le prix des lins continuant à être assez élevé, on en avait semé considérablement en 1807. La baisse en serait infailliblement résultée, si l'espérance des cultivateurs n'avait été déçue. Mais la graine à semer dite *de tonne* (2) n'étant pas bien levée, beaucoup de cultivateurs durent labourer leurs lins, et si, dans nos contrées, ceux que la charrue avait épargnés furent d'assez bonne qualité, il n'en fut pas de même dans les environs d'Ypres et de Douai, où la récolte fut entièrement manquée. Comme on présageait des demandes pour ces contrées, la hausse prit un nouvel essor, au point que jamais on n'avait vu les lins atteindre un prix aussi élevé (il ne s'en trouvait plus au-dessous de 3 fr. la botte). De plus, comme si toutes les circonstances eussent dû contribuer à maintenir le lin à un prix exorbitant, l'été fut si sec que les ouvriers ne purent le teiller, et lorsque, en octobre, le moment de le travailler fut arrivé, un arrêté de M. le Préfet du Nord, interdisant le rouissage du lin dans la Lys, vint faire redoubler les demandes et augmenter encore le prix fabuleux des lins de cette contrée.

On conçoit aisément, d'après ces considérations, que les cultivateurs ensemencèrent encore beaucoup de lins en 1808, puisque

---

(1) Dans le *Dictionnaire de commerce* de Jacques Savary des Bruslois, que nous avons déjà cité (édition de 1723), on lit à l'article rouissage : « On rouit le lin et le chanvre, c'est-à-dire qu'on le met à l'eau pour en faire pourrir les feuilles et l'écorce. *Plus l'eau est claire, et plus il* (le lin) *en sort blanc, et c'est une bonne qualité.* »

(2) On donne le nom de graine de tonne à la graine de lin à semer qui nous vient de Riga, et qu'on appelle ainsi à cause du tonneau dans lequel elle est placée. Nous aurons occasion de parler de cette graine à la fin de cet *Aperçu*.

leurs prix conservaient un taux très élevé. Cependant, malgré l'heureux résultat de la récolte, il est probable que la baisse survenue au mois de décembre ne serait pas arrivée si à la guerre ne se fut jointe une crise financière qui vint de nouveau paralyser les transactions commerciales. Malgré le peu d'activité des affaires et la rareté de l'argent, cette baisse ne fut pas de longue durée. Un froid intense, joint à une sécheresse prolongée, vient arrêter la végétation des lins sur terre ; et bien qu'une pluie bienfaisante soit venue en atténuer les tristes effets (15 mai 1809), la récolte, dans ce pays ne peut être considérée plus que la moitié de celle d'une année ordinaire, tandis qu'elle était entièrement nulle dans les environs d'Ypres.

Le résultat défavorable de la récolte eut pour conséquence une reprise immédiate dans les lins teillés, et les qualités supérieures surtout atteignirent bientôt un prix très élevé. Le mois de mars 1810 ayant été peu propre au blanchissage des lins, la plupart étaient maigres, roux et sans rapport. Ces lins furent bientôt connus de si mauvaise qualité, que les acheteurs n'en voulaient plus, même à des prix inférieurs ; c'est ce qui amena une baisse sérieuse dans les lins de bas prix, lesquels étaient tout-à-fait délaissés, tandis que les bonnes qualités se vendaient à des prix vraiment fabuleux.

Remarquons en passant que malgré la défense de M. le Préfet du Nord, on a roui les lins dans la Lys, en 1810, comme les années précédentes.

Malgré la bonne récolte de 1810, le cours des lins ne subissait aucune variation. Il était presque impossible de trouver de bons lins, et les demandes étaient tout-à-fait nulles pour les qualités inférieures. Bientôt la crise pécuniaire se fait plus vivement sentir ; des sinistres financiers viennent attrister la place de Lille ; la négociation devient difficile et presque impossible : lins, fils, toiles, tout tombe dans le plus grand calme, et les lins sont d'autant moins recherchés, que l'apparence de la récolte de 1811 est des plus magnifiques.

Cependant un orage, mêlé d'énormes grêlons, vient porter la désolation dans nos campagnes (3 mai 1811). La plus grande partie des lins sur terre est entièrement détruite; et, malgré cette funeste circonstance, les lins restent tout-à-fait invendus.

Quand le résultat de la récolte fut connu, que l'on eut la certitude que les lins que l'orage avaient épargnés étaient maigres et entremêlés de tiges sèches; on espérait voir au moins une légère amélioration dans les prix; mais le temps ayant été convenable pour le blanchissage (1) des lins de 1810, les prix seraient inévitablement baissés de nouveau, si la récolte de 1812 ne se fut pré-

---

(1) Nous avons dit que pour obtenir les belles couleurs si recherchées à cette époque on faisait subir au lin une préparation de trois années. Après sa récolte, le lin était renfermé dans les granges, où on en extrayait la graine pendant l'hiver, et on le rouissait l'année suivante; quand le lin était roui, on le renfermait de nouveau jusqu'au mois de mars suivant.

Au printemps de la troisième année, on le blanchissait sur les prairies. Le lin mis en blanchissage sur le pré doit être étendu en lignes droites, et en couches légères. Le lin doit être retourné tous les quatre ou cinq jours; c'est pour la facilité de ce travail qu'il importe que les lignes soient aussi droites que possible. L'ouvrier qui en est chargé passe sous le lin une gaule ou perche légère, longue de trois à quatre mètres, et retourne d'un seul coup tout ce qu'embrasse la longueur de la gaule. Il parcourt ainsi les lignes avec une promptitude d'autant plus grande que le terrain est plus uni et que l'*étendage* a été mieux fait.

L'avantage qu'offrent les couches légères, c'est que toutes les parties dont elles se composent, peuvent recevoir également l'action de la rosée. On évite ainsi l'inconvénient d'avoir des parties plus ou moins rouies, plus ou moins blanches.

Nous verrons successivement ce blanchissage de mars être remplacé par le *moyen tour*, c'est-à-dire par le blanchissage aussitôt après le rouissage et de la même année. Puis les lins se préparer à la *minute*, n'étant blanchis que quelques jours de chaque côté; et enfin, les couleurs étant de moins en moins recherchées, teiller le lin vert, sans le blanchir. En dernier lieu, nous verrons rouir le lin deux fois pour lui donner plus de finesse et de douceur.

sentée sous des plus mauvaises apparences. Beaucoup d'agriculteurs avaient été obligés de labourer leurs lins, et bien que le temps fut plus favorable au mois de juin, la récolte laissa à désirer sous tous les rapports. Une légère augmentation se fit enfin sentir sur les lins de premier choix, tandis que les qualités intermédiaires et les lins de bas prix restaient totalement délaissés.

L'année suivante, l'apparence des lins sur terre étant magnifique, une baisse sensible se produisit sur les lins de bonne qualité, en mai 1813. (Il est à remarquer que quoique baissés, les bons lins se vendaient encore 5 fr. et plus la botte). La récolte de cette année étant reconnue bonne, cette diminution dans le cours des lins se serait maintenue et les prix seraient probablement devenus très-bas, si presque tous les bons lins des récoltes précédentes n'eussent été employés par nos fileuses, et si les fabricants, qui étaient encore détenteurs de leurs lins de bas prix n'eussent modéré leur fabrication pour l'hiver suivant. D'un autre côté, les lins de qualité inférieure ayant obtenu une assez belle couleur au blanchissage de cette année, furent beaucoup demandés pour la Normandie, et l'on aurait sans doute obtenu une amélioration dans le cours des lins, si la récolte de 1814 n'eut été reconnue très-bonne et si les affaires politiques et le manque de confiance ne fussent venus encore une fois, appesantir les relations commerciales. Cependant les lins de couleur étaient encore demandés et conservaient un prix élevé, comparativement aux autres qualités.

Les grands événements de 1815, étaient venu remplir l'Europe. A cette nouvelle, les détenteurs ne veulent plus vendre, tous s'attendent à une reprise réelle des affaires, mais ces effets n'eurent pas les résultats que l'on supposait. Soit que la confiance ne fut pas encore rétablie, l'occupation des alliés (les Prussiens sont en Normandie et les Saxons aux bords de la Lys) en est peut-être pour quelque chose ? toujours est-il que le commerce de lins reste dans une stagnation complète.

Il aurait été cependant bien nécessaire d'avoir une amélioration dans le cours des lins ; un grand nombre de rouisseurs avaient perdu presque la totalité de leur fortune, et si les bonnes qualités conservaient encore, comparativement, un prix assez avantageux, les lins de bas prix étaient totalement délaissés : Il se vendait alors des lins à 4 fr. 50 c. la botte (à ce prix le vendeur perdait au moins 1 fr. la botte ou 600 fr. l'hectare), et quelque meilleur que parût l'horizon politique, l'argent était toujours rare et la négociation des effets difficile, en sorte qu'une légère apparence de reprise ne se fit sentir que vers le mois de mai 1816. Un nouveau malheur allait porter la ruine dans nos campagnes : le temps pluvieux qu'il fit à cette époque occasionna des pertes considérables au lin étendu sur les prairies. Tous les lins blanchis dans cette saison sont tachés d'eau; de fortes veines cassent sous l'*écang* (1); en un mot, ces lins laissent autant à désirer sous le rapport du rendement que sous celui de la qualité. Le commerce de lins se trouvait alors dans l'état le plus déplorable; on s'en fera une idée, lorsque l'on saura que la plupart des lins étaient courts, tachés d'eau, remplis de tiges entreséchées et de taches rousses. Notre pays, en un mot, était dépourvu de bons lins, et pour comble de malheur, leur rendement en filasse n'atteignait pas la moitié du rapport d'une année ordinaire.

Cette pénurie de matière ne tarda pas à influer sur le prix du lin, d'autant plus que ceux sur terre qui avaient une assez belle apparence, furent renversés par la pluie et ne produisirent que des lins de bas prix. D'un autre côté, un droit protecteur de 4 fr. par 100 kil., placé à l'importation des lins de Belgique, vint favoriser la production française; toutes ces circonstances réunies amenèrent une légère

---

(1) L'écang est l'outil auquel on soumet le lin, après que la paille en a été brisée par l'opération du maillage. L'écang est une sorte de hachoir ou couperet plat et mince, muni par le haut d'une tête qui est destinée à lui donner de la volée ; le manche est court, fixé sur des faces du couperet par des chevilles en bois. Les écangs sont ordinairement en bois de noyer, d'une épaisseur d'environ 5 millimètres : leur poids total ne dépasse pas 5 à 600 grammes.

augmentation. La confiance renaissait de jour en jour ; la hausse, sans être rapide continuait en novembre et décembre 1816, et janvier et février 1817; puis, les quantités de lins fabriqués étant considérablement diminuées, la spéculation vint acheter et lutter avec les fileuses du pays et les expéditeurs pour la Normandie ; en sorte que les lins ne tardèrent pas à acquérir les plus hauts prix, quoique mélangés, sans couleur et sans qualité.

On voit, par ce qui précède, combien le commerce de lin est chancelant, comment les moindres indices, les apparences plus ou moins favorables d'une récolte, influent sur le prix du lin : Nous verrons cette influence agir bien des fois sur la demande des lins, et conséquemment sur leur prix.

Quoique sans qualité, les lins se vendaient couramment. On espérait que le mois de mars 1818 eut été plus favorable au blanchissage du lin, mais le temps fut si sec que les lins étendus devinrent maigres et durs. Les belles couleurs étaient toujours de plus en plus rares, et on ne pouvait plus s'en procurer ; mais l'abondance des lins de qualité inférieure les fit de nouveau baisser. Une lutte s'engage désormais entre les acheteurs qui veulent la baisse et les détenteurs qui, n'ayant que peu de lins à travailler pendant l'hiver, ne veulent pas diminuer leurs prétentions : il en résulte que le commerce devient presque nul. Du reste, les lins se teillaient mal, l'hiver étant très sec, en sorte que la plupart, déjà très mauvais par eux-mêmes, étaient tout-à-fait sans qualité ; la baisse en serait infailliblement résultée, si diverses circonstances n'étaient venues de nouveau faire redoubler les demandes.

La sécheresse très prolongée que nous subissons a tari presque toutes les fontaines, et comme les puits sont vides, les ménagères doivent se servir des eaux de la Lys pour leurs besoins domestiques, ce qui fait supposer que l'interdiction du rouissage dans la Lys serait de nouveau arrêtée. Dès lors, les fabricants ne sont plus disposés à vendre, d'autant plus que la sécheresse a anéanti la récolte des lins de 1819 *qui n'est pas la moitié de celle d'une année ordinaire.* Une hausse rapide se manifesta bientôt dans les lins; l'eau manquant dans les étangs où l'on rouit le lin en Belgique, les fileuses des environs d'Ypres durent s'alimenter dans notre contrée, et elles auraient dû quitter le rouet et la quenouille, *faute de lin,* si la défense de rouir avait existé comme le bruit en avait couru.

Les lins étant devenus rares, les fabricants essayèrent de parer au résultat des mauvaises récoltes de 1818 et 1819, en rouissant cet été les lins de ces deux années : c'est ainsi qu'on a commencé à rouir et à blanchir le lin au bout de deux ans, et probablement que cet usage serait en vigueur depuis cette époque, si de grandes pluies survenues pendant l'été n'eussent occasionné de nouvelles pertes aux rouisseurs. Les bons lins étaient devenus excessivement chers. Quoique courts, les lins de 1819 étaient assez bons et bien demandés, mais leur rapport si faible, que malgré la chèreté des lins les fabricants perdaient beaucoup d'argent. Les lins qui avaient un peu de qualité étaient, à cette époque, ceux de 1817, qu'on ne pouvait obtenir à moins de 5 fr. la botte ; quant aux bas prix, c'est-à-dire aux lins de 1818 et 1819, on ne les vendait pas moins de 3 fr.; aussi les cultivateurs se décidèrent-ils à ensemencer beaucoup de lin en 1820, et cette quantité fut d'autant plus considérable, que beaucoup de colzas furent gelés et remplacés par du lin.

La récolte de cette année était absolument nécessaire ; elle était l'espoir de tous ceux qui s'intéressaient à l'industrie linière, car le commerce de lin serait tombé, faute de produits, si la récolte n'avait été supérieure à celle de 1819. La crainte de voir manquer la récolte et l'espérance d'en constater la réussite, se succédaient tour à tour; les temps froids d'avril et de mai occasionnèrent de véritables craintes, qu'une pluie bienfaisante, survenue à la mi-mai, ne tarda pas de dissiper. Au commencement de juin, les lins sont de toute beauté, mais une forte pluie vient de nouveau les menacer. On disait déjà que les lins seraient comme ceux de 1818 longs et mauvais ; mais soudain un temps favorable pour les cueillir et les sécher fait reconnaître (14 août 1820) que l'année serait des plus favorables sous le rapport de la qualité et du rendement, bien que quelques parties eussent été châtiées d'un orage accompagné de grêle, survenu le 29 mai.

La tendance à la baisse se fit bientôt sentir. Les eaux de la Lys étant basses à cause de réparations à faire aux fortifications de Menin, on ne put rouir le lin cet été, de sorte que les ouvriers étaient tous occupés au teillage. On ne tarda pas à avoir bientôt une plus grande quantité de lins fabriqués que les années communes, et comme beaucoup de lins avaient encore été ensemencés en 1821, la baisse prit un nouvel essor, malgré la protection du Gouvernement qui porta une nouvelle augmentation à l'importation des lins de Belgique (mars 1821). Les mauvais temps, survenus pour le blanchissage de mars, font que les lins sont encore cette année pâles et irréguliers; aussi, les belles couleurs maintiennent-elles leur prix, et comme les lins communs sont tout-à-fait délaissés, les cultivateurs, dans la crainte de ne pouvoir vendre leur récolte adressent une pétition à la Chambre des députés pour solliciter la prohibition à l'entrée des lins venant de Belgique, « craignant que la grande quantité de lins qu'ils vont récolter et les bas prix des lins fabriqués ne les empèchent de vendre leur récolte... Ils sont encombrés de lins fabriqués et non fabriqués, et ne savent plus payer leurs propriétaires. »

Les temps froids survenus à la fin de mai et au commencement de juin occasionnent des craintes pour le résultat de la récolte; mais bientôt un temps plus favorable vient améliorer les apparences, et l'on est heureux de constater la supériorité des lins de 1821. Cependant la baisse continue, et c'est à peine si les cultivateurs peuvent vendre leurs lins sur terre 650 à 700 fr. l'hectare, chiffre extrêmement minime si l'on considère les risques qu'ils ont courus et la supériorité des lins de cette année.

Le pays étant abondamment approvisionné de lins, par suite de la réussite des deux dernières années, la baisse fait bientôt de nouveaux progrès, et à part quelques parties tout-à-fait exceptionnelles que nos fileuses achètent encore de 4 à 5 fr. la botte; les bons lins se vendent de 2 fr. 50 c. à 3 fr., et la plus grande partie de 1 fr. 50 c. à 2 fr. (mars 1822).

Mais bientôt une sécheresse prolongée fait manquer les lins dans tous les pays. La récolte est tout-à-fait nulle dans les environs d'Ypres et de Gand; notre contrée, plus heureuse, réussit assez bien. La spéculation vient faire de nombreux achats, et comme les fabricants travaillent peu, ils ne veulent vendre qu'à l'augmentation.

Une nouvelle faveur du Gouvernement impose un droit de 15 fr. par 100 kilogrammes à l'entrée des lins de Belgique. A cette nouvelle, une augmentation subite se fait sentir; cette hausse se maintient tout l'hiver de 1821 à 1822, et si les bas prix ne se vendent pas proportionnellement aussi cher que les qualités supérieures, ces dernières deviennent à un prix exorbitant, au point qu'à 5 fr. nos fileuses ne peuvent plus faire de grands choix dans les lins de notre pays.

Les mauvais temps survenus en mars 1823 sont très préjudiciables aux lins blanchis qui seront encore cette année tachés d'eau et irréguliers. De plus, comme les mauvais temps ont empêché la semaille des lins, et que la récolte de 1823 ne peut être estimée que la moitié de celle d'une année ordinaire, les Anglais viennent accaparer tous les lins; la spéculation française, de son côté, fait beaucoup d'achats et bientôt les lins atteignent les prix les plus hauts qu'on n'ait jamais vu. Du reste, les seuls lins de qualité ne consistaient, pour ainsi dire, qu'en lins de 1821; ceux de 1822 étant trop courts et ceux de 1823 maigres et sans couleur. Aussi, la récolte de 1821 fut bientôt épuisée et le pays entièrement dépourvu de bons lins (février 1824).

Le printemps de cette année fut aussi pluvieux que celui de de 1823; les lins étendus sur les prairies surnageaient au-dessus de l'eau et la ruine vint de nouveau fondre sur nos campagnes.

Ces mauvais temps entravent les semailles de 1824, c'est à

peine si des cultivateurs sont parvenus à ensemencer quelques parties de lins en février, on mars et en avril ; beaucoup restent à semer au mois de mai, en sorte que les lins ont été ensemencés cette année pendant quatre mois. Voici la position de la culture du lin, le 15 mai 1824, dans l'arrondissement de Lille :

Dans quelques parties, les lins sont bien levés et d'assez belle apparence ; dans d'autres ils ne lèvent pas, tandis qu'ailleurs la levée s'est produite dans de mauvaises conditions. Il est impossible de prévoir quel sera le résultat de la récolte, et cette incertitude est bientôt suivie d'inquiétude quand une forte pluie, survenue à la fin de mai vint endommager considérablement les lins sur terre, mais la température s'étant adoucie, et le temps ayant été meilleur aux mois de juin et de juillet, l'espoir revint bientôt ; et l'on put enfin constater une récolte aussi favorable sous le rapport de la qualité que sous celui de la quantité.

Le bon résultat de cette récolte était nécessaire, car il y avait une pénurie de matières à filer. Malgré la réussite des lins nouveaux, les prix conservèrent leur cours, sauf les lins de belle qualité et de belle couleur qui éprouvèrent une légère baisse, étant devenus plus communs, le mois de mars ayant été favorable au blanchissage des lins.

Les lins furent semés, en 1825, dans les meilleures conditions. Ils eurent un peu à souffrir d'une sécheresse arrivée au commencement d'avril, mais une pluie survenue le 22 de ce mois les a beaucoup améliorés. Quelques parties levèrent en deux fois, c'est-à-dire que, tandis que beaucoup de tiges avaient atteint 10 à 15 centimètres de hauteur, d'autres restaient en dessous, et les tiges inférieures ayant été étouffées par celles plus élevées, les lins furent gros et sans qualité. Cependant, grâce à un temps favorable, les lins furent en général assez bons cette année.

Le 1er août 1825, les communes riveraines de la Lys sont de nouveau mises en émoi par la réception d'un arrêté de M. le Préfet du Nord, qui défend le rouissage du lin dans les canaux et rivières navigables. C'était précisément au plus fort moment du rouissage ; les prairies étaient encombrées de lin, les ballons en étaient remplis... C'en était fait du rouissage du lin de la Lys sur le territoire français, si cet arrêté préfectoral eût dû subir son exécution. Les cultivateurs et les fabricants de lins se réunissent et adressent à M. le Préfet une pétition où ils exposent que « si les rouisseurs ne peuvent plus mettre leur lin à la rivière, ils ne pourront plus en acheter, et que si les cultivateurs ne peuvent plus vendre leurs lins, il leur sera difficile ou impossible de payer leurs propriétaires; que si l'on interdit le rouissage des lins dans la Lys, un grand nombre d'ouvriers seront sans ouvrage ; enfin, que jamais on a vu que les effets du rouissage du lin sur les eaux de la Lys aient occasionné des maladies quelconques. »

M. le Préfet aura sans doute fait droit à cette réclamation, car le rouissage a continué cette année comme les années précédentes, et l'on n'entendit plus parler, pour le moment, d'une nouvelle défense.

Cependant, de même qu'en 1809 et 1822, notre contrée fut favorisée dans la récolte des lins de 1825. Dans les pays où l'on sème le lin plus tardivement, la sécheresse les avait flétris, et la récolte était presque nulle. Aussi, les lins conservèrent-ils leurs prix jusqu'en avril 1826 moment où le temps favorable pour ensemencer les lins, vint faire suspendre les achats, et occasionner une baisse qui ne fut pas de longue durée, car les apparences cessèrent d'être aussi belles vers le mois de mai, le temps étant excessivement sec, et, si quelques pluies survenues au commencement de juin améliorent un peu l'état des lins, on ne tarde pas à avoir la certitude que bien que l'on eut semé plus de lin qu'en année ordinaire, la récolte ne dépasserait pas le tiers d'une année moyenne. Aussi, la reprise des lins ne tarde pas à se déclarer ; nos fileuses achètent en septembre 1826 les lins de bonne qualité de 5 fr. à 6 fr. la botte. Les autres lins s'expédient dans le Lyonnais et dans la Normandie et se vendent en moyenne de 3 fr. à 3 fr. 50, et l'Angleterre achète un peu de toutes les qualités. Les lins restent à ce taux jusqu'en janvier 1827, époque où la grande quantité de lins fabriqués occasionne une baisse de 50 à 75 c. la botte.

Un nouveau malheur vient affliger nos rouisseurs de lins. Les pluies de mars 1827 ont inondé les prairies, et on a dû ôter de l'eau le lin qui y était étendu. Aussi le lin de couleur devient-il bientôt très rare, et cependant les prix ne s'améliorent pas, les acheteurs attendant les lins de 1827 dont ils connaissent l'abondance, restreignent leurs achats, et comme les demandes de l'intérieur sont presque nulles, la baisse continue jusqu'en février 1828.

Jusqu'en 1829, les lins furent très abondants; mais, le temps ayant été très mauvais pour le blanchissage de mars, et la quantité de lins à fabriquer pendant l'hiver 1829 et 1830 n'étant évalués qu'au tiers de ceux d'une année commune, la hausse se déclare et fait bientôt de si rapides progrès, que les lins atteignent les plus hauts prix en décembre 1829.

III.

Culture, rouissage et commerce du lin dans l'arrondissement de Lille, depuis 1830 jusqu'en 1860.

Nous venons de voir que la quantité de lins destinée au teillage pendant l'hiver 1829-1830 n'était que du tiers environ de celle d'une année ordinaire. Le peu de matières à travailler joint aux bons prix auxquels se vendaient les lins, décida les cultivateurs à en ensemencer beaucoup en 1830, et cette quantité fut d'autant plus considérable que les colzas avaient été labourés, et pour la plupart remplacés par du lin.

Bien levés et de belle apparence, jusqu'à leur floraison, les lins de cette année eurent beaucoup à souffrir vers la fin de leur récolte, ce qui fit que si la qualité fut assez bonne, le rendement laissa beaucoup à désirer.

La révolution de juillet, arrivée dans un moment où tous les ouvriers étaient occupés à rouir les lins, n'exerça aucune influence fâcheuse sur le commerce du lin, et réciproquement sur sa culture. Cependant, la récolte étant assez réussie, les lins baissèrent un peu, à l'exception des belles couleurs, qui étaient toujours recherchées à cause de leur rareté, le mois de mars 1830 ayant été peu favorable au blanchissage.

Une bonne récolte était nécessaire, et on comptait d'autant plus sur le résultat de celle de 1831, que l'on avait encore semé beaucoup de lins cette année. Ces lins se trouvaient dans les meilleures conditions jusqu'au moment du cueillage ; mais de fortes pluies survenues au moment où les lins étaient en *chaînes* (1), les noircirent sans cependant leur être nuisibles, car après le rouissage, ces lins étaient devenus clairs, et l'année 1831 est encore citée aujourd'hui par les cultivateurs et les fabricants comme la meilleure année que l'on ait jamais obtenue.

Les lins de 1829 que l'on fabriquait en ce moment, étaient de deux sortes: Ceux qui avaient été blanchis avant les pluies étaient maigres, avaient une belle couleur, tandis que ceux qui se trouvaient encore étendus quand les mauvais temps arrivèrent, étaient plus doux et plus fins, mais généralement pâles, tachés d'eau et peu réguliers. Les Anglais étant venus faire de nouveaux achats, insensiblement les lins augmentèrent et atteignirent un prix élevé, surtout les lins de belle couleur, qui étaient toujours aussi rares.

Comme les lins de 1832 avaient une très belle apparence (1er mai) et que le mois de mars avait été favorable pour le blanchissage, les lins de premier choix éprouvèrent à cette époque une baisse assez sensible, mais qui ne fut pas de longue durée; car, quoique promettant bien, les lins de cette année ne furent pas fins, ce qui ne tarda pas à être reconnu dans la suite, par le délaissement dont ils ont toujours été l'objet.

---

(1) Quand le lin est arraché et déposé sur la terre par poignées, si le temps est beau, on doit en profiter pour le mettre de suite en *chaînes*. Pour commencer ce travail, un homme enfonce en terre une bêche; et contre le manche, l'ouvrier appuie les premières poignées, graine contre graine; il continue cette espèce de haie en ajoutant de nouvelles poignées qui lui sont avancées par deux enfants de douze à quinze ans, contre celles déjà en place, jusqu'à ce que cette moitié de chaîne soit terminée. Il prend alors quelques tiges de chaque côté, et les lie ensemble pour fixer les dernières poignées; après quoi il retourne à son point de départ, enlève la bêche, et termine l'autre moitié de la même manière. On confectionne ces chaînes partout de la même façon, mais de différentes longueurs, suivant les habitudes des localités; ainsi, au nord de Lille, elles contiennent rarement plus d'une cinquantaine de poignées, sur une étendue de 5 mètres environ. (*Archives de l'agricult. du Nord de la France*, vol. des *Conférences*, page 18.)

Les cultivateurs étaient disposés à mettre beaucoup de lins en 1833, mais une foule de circonstances vinrent encore nuire à cette culture. La graine de lin dite de tonne était tout-à-fait humide, par suite de pluies continuelles survenues pendant sa récolte, et le mois de mars avait été si pluvieux dans notre contrée, que les semailles avaient été fort difficiles. Malgré ces inconvénients, la récolte s'annonçait sous l'aspect le plus favorable jusqu'au mois de mai; cependant, une sécheresse étant survenue, les lins dégénérèrent et beaucoup de cultivateurs durent les labourer. La récolte de 1833 ne peut être estimée plus de la moitié de celle d'une année ordinaire ; les lins étaient courts, maigres, et pour la plupart gros; car, bien que les cultivateurs n'aient ensemencé que la moitié de ce qu'ils sèment ordinairement avec une tonne, ces lins étaient clairs, et par conséquent ils furent gros et verts.

Le mauvais état de la récolte occasionna de nouveau la spéculation. Dès le mois de septembre, une foule d'acheteurs descendent dans nos environs, et comme les lins de 1832 s'étaient assez bien blanchis en mars, et que leur couleur était belle, ils étaient très recherchés pour l'intérieur, les marchands prévoyant les lins de la dernière récolte trop courts pour leur emploi.

Nous remarquerons en passant, qu'insensiblement l'habitude de blanchir le lin la troisième année, après sa récolte, avait disparue et qu'on blanchissait généralement les lins dans la seconde année. On avait eu tant de mauvais temps, que les lins de belle couleur étaient devenus de plus en plus rares, et que les acheteurs se voyaient obligés de ne plus être aussi exigeants sous ce rapport. Insensiblement, le rouissage de mars avait disparu et on blanchissait au moyen-tour. Nous verrons plus tard les lins se vendre *verts*, l'industrie ayant trouvé le moyen de blanchir le fil par des procédés chimiques (le chlore).

Quoique courts et sans qualité, les lins de 1833 furent assez demandés pour l'Angleterre ; c'est ce qui décida les cultivateurs à semer encore une assez forte quantité de lins en 1834. Le mois de mars étant très sec, on était bien inquiet sur l'état de cette culture; mais une pluie survenue vers la mi-avril, rendit les lins de toute beauté. La baisse commença à se faire sentir, mais ce ne fut que pour quelques semaines, car le mois de mai étant devenu sec et froid, les lins ne purent atteindre une longueur de plus de sept à huit mains, et encore, le résultat de cette récolte ne fut-il que le tiers d'une année commune. Cependant, bien que présentant une grande analogie avec l'année précédente, on reconnut bientôt que les lins de cette année avaient plus de qualité.

Le 7 septembre 1834, le Gouvernement diminue de moitié les droits dont étaient frappés les lins venant de la Belgique, et nos fabricants comme nos cultivateurs y voient une nouvelle cause de délaissement pour leurs produits déjà peu recherchés par suite des tristes résultats des deux dernières récoltes.

Le temps des semailles étant favorable en 1835, tous les lins furent ensemencés du 15 au 25 mars. Bien qu'une sécheresse se fasse sentir en avril, la température ne tarda pas à être favorable pour la culture, et grâce à un temps doux et convenable, la récolte fut bientôt connue comme des plus favorables. Cet heureux résultat amena une baisse assez sensible, aussi dès le 13 juillet, les lins nouveaux étant reconnus bons, les qualités supérieures devinrent moins recherchées, et bien que la sécheresse empêche de travailler le lin et que les magasins en soient très peu fournis, cette baisse se maintient jusqu'en janvier 1836, époque où la spéculation anglaise vient faire de nouveaux achats.

Grâce à l'augmentation que produisirent ces commandes, la gelée ayant anéanti les colzas, les fermiers ensemencèrent encore beaucoup de lins cette année. Les lins furent semés vers la fin d'avril, le temps n'ayant pas permis de préparer la terre plus tôt. Bien levée et favorisée par la température, jamais récolte n'avait eu plus belle apparence, mais soudain une sécheresse se déclare à la fin de mai, la pluie nécessaire pour le lin n'arrive pas..., tout espoir de récolter de bons lins a disparu... Les lins sont restés courts, et quelque grande que soit la quantité ensemencée en 1836, le résultat de la récolte n'est pas évalué à plus de la moitié de celui d'une année ordinaire.

On s'attendait à ce que le manque de lins eut amené une hausse prompte et abondante, mais les lins de 1835 étant bien recherchés quoique sans couleur (le blanchissage du lin après le rouissage en août 1836, ayant été beaucoup contrarié par les pluies) la légère augmentation qui se faisait sentir ne fut que de peu de durée.

Il est à remarquer que déja, à cette époque, l'Angleterre ne recherchait plus les lins de couleur, et que la différence des prix entre les lins blancs et ceux qui n'avaient pas de belles couleurs était beaucoup diminuée. Cependant, la hausse se fit sentir par suite de la demande de spéculateurs français qui vinrent faire la concurrence aux acheteurs anglais et augmenter le prix de nos lins, au point qu'il ne s'en trouvait presque plus au-dessous de 3 fr. la botte.

Les fabricants s'étant empressés de vendre leurs lins, pour lesquels ils obtenaient des prix si favorables, le pays était presque dépourvu de matières ; aussi les cultivateurs en semèrent-ils une quantité extraordinaire en 1837. On parle si souvent de cette récolte, que nous ne pouvons nous empêcher de la citer particulièrement.

Semés dans la première quinzaine d'avril, les lins ne tardèrent pas à lever et cette levée fut très belle et très régulière dans les premiers jours de mai. Bientôt après, un temps froid et pluvieux vint retarder la végétation, au point qu'au 1er juin, malgré une semaille de deux mois, les lins avaient à peine dix centimètres de hauteur. On croyait la récolte entièrement perdue, mais une pluie douce et un temps favorable étant survenus dans les premiers jours de juin, on ne tarda pas à reconnaître que la récolte serait des plus avantageuses.

Cette réussite inattendue vint jeter une grande perturbation dans le commerce. Les cultivateurs qui avaient vendu leurs lins sur terre, en obtinrent de beaux prix, et la filature envoya quelques commandes. Mais la spéculation ayant cessé ses achats à la nouvelle de cette réussite, et les Anglais ralentissant aussi leurs demandes, une baisse incroyable survint, en peu de temps. On s'en fera une idée lorsque l'on saura que *des lins vendus 5 fr. la botte à la fin de mai 1837, ne se vendaient que 3 fr. 50 c. le 16 août de la même année.*

La filature mécanique anglaise commençait déjà à faire sentir ses effets sur les marchés français. L'importation des fils en France, qui ne montait, en 1832, qu'à 56,000 kilogr., atteignit cette année (1837) le chiffre déjà extraordinaire de 3,200,000 kil. Aussi, voyons-nous la Normandie diminuer, cet hiver, ses achats d'un tiers, au moins, sur les années précédentes; ce pays ne put plus lutter avec la filature mécanique (les achats, pour cette contrée, cessèrent intégralement en 1840), et l'on trouva cet hiver bien des lins de la Lys vendus de 1 fr. 80 à 2 fr. la botte.

Les magasins étaient entièrement remplis, et la vente était des plus difficiles. Quelle bonne fortune faisaient alors les Anglais, qui venaient nous chercher de si bons lins à des prix si peu élevés ! Les cultivateurs auraient ensemencé très peu de lins en 1838, si les colzas avaient été réussis; mais comme on a dû encore les labourer, beaucoup ont été remplacés par le lin. Semés dans les premiers jours de mars, les lins promettaient très bien, mais la pluie survenue au moment de les cueillir les a beaucoup endommagés, et ils sont restés courts. Peu de lins avaient été vendus sur terre, et les fabricants vendaient difficilement les lins en bottes. Mais, vers le 15 août, la spéculation commence quelques achats; les anglais viennent aussi augmenter leurs demandes, et parmi les lins vendus, on remarque que les lins *doux* sont comparativement plus chers que les autres; c'est ce qui a décidé les cultivateurs à rouir les lins un peu plus fort, et cette qualité continuant à être recherchée, on a, par la suite, roui le lin deux fois, seul procédé de rouissage généralement employé aujourd'hui dans nos contrées, et par lequel on obtient des lins aussi remarquables par leur douceur que par leur finesse.

Cette reprise dans le cours du lin ne fut pas de longue durée. Dès le mois d'août 1838, les demandes avaient cessé; les acheteurs étaient devenus rares, et la baisse se faisait lentement sentir. Aussi la quantité des lins ensemencés en 1839 ne doit pas être évaluée à plus du tiers d'une année ordinaire; bien que les apparences de la récolte fussent des plus belles jusqu'à la mi-juin; un orage épouvantable survenu dans nos contrées, le 19 juin, occasionna des pertes considérables à cette culture qui fut totalement anéantie par un second orage arrivé le 22 du même mois.

A l'exception de quelques parties épargnées par les orages, tous les lins de cette année furent mauvais et sans rapport.

Nous remarquerons en passant que la même circonstance s'est reproduite en 1859, mais que la perte a été moins importante, parce que, depuis quelques années, on arrache le lin de bonne heure, surtout lorsqu'il est versé et en danger de pourrir. Les lins cueillis un peu plus verts ont plus de douceur et de qualité que ceux que l'on a laissé mûrir plus longtemps. Il y a vingt ans, les cultivateurs croyaient qu'il était plus avantageux de laisser mûrir leurs lins, dans l'espoir de mieux récolter la graine, surtout lorsqu'ils étaient disposés à la semer. Ils ont maintenant généralement compris qu'il est préférable de sacrifier la qualité de la graine et d'ensemencer des graines provenant de lin de Riga, comme nous aurons l'occasion de le prouver dans la suite; la différence qui existe entre le prix de ces deux végétaux étant proportionnellement peu considérable.

Les lins de 1838 étant maigres, durs et peu demandés pour la filature, et ceux de 1839 faibles, sans rapport et sans qualité; les cultivateurs espéraient vendre leurs lins de 1840 à un beau prix, s'ils pouvaient réussir; aussi labourèrent-ils les colzas que la gelée avait endommagés, et ensemencèrent-ils une grande quantité de lins. La récolte réussit assez bien, et les lins furent vendus très cher sur terre. Les Anglais recherchèrent les lins fabriqués, de bonne qualité, et les payèrent de beaux prix. La filature française consomma nos qualités inférieures, et les lins restèrent à un prix élevé et favorable jusqu'en février 1841.

A cette époque, les filateurs français ayant trouvé les lins de la Lys trop chers, allèrent s'approvisionner à Bruges, à Saint-Omer et dans d'autres localités où le lin se vend à des prix moins élevés. Les demandes cessèrent dans notre contrée, et la belle apparence des lins de 1841 vint porter une nouvelle influence sur le cours des lins : la baisse devint bientôt plus considérable et ouvrit une ère de malheur pour notre pays.

En effet, les fileuses avaient abandonné la quenouille, ne pouvant lutter avec la filature mécanique ; le Lyonnais et la Normandie n'envoyaient plus de commandes. La filature française n'achetait presque pas de nos lins ; les Anglais seuls venaient faire quelques achats et obtenaient nos bons lins de la Lys à des prix extrêmement bas ; aussi, les rouisseurs de lins avaient-ils entièrement perdu leur petit avoir. Pendant les dix années qui vont s'écouler, la belle culture du lin, que l'arrondissement de Lille doit être si fier de posséder, diminuait de jour en jour, au point que, de 1840 à 1850, elle avait perdu les deux tiers de son importance.

Nous ne rappellerons qu'en passant cette période si triste pour notre contrée, les lins de 1842, courts et sans rapport ; ceux de 1843, qui présentaient une grande analogie avec ceux de 1841 et furent encore de mauvaise qualité ; ceux de 1844, courts, maigres et durs, et ne donnant que peu de filasse ; la récolte de 1845, remarquable par la finesse des lins que la pluie avait épargnés. (Les lins de cette année se vendaient en moyenne de 2 francs à 2 francs 50 centimes la botte ; mais il se trouvait quelques parties que la pluie n'avait pas endommagées et qui se vendaient encore jusqu'à 5 fr.); celle de 1846 dont les lins étaient courts et maigres comme ceux de 1844 ; celle de 1847, dont on se rappelle la bonne qualité, et que l'on vendait à si bas prix; la récolte 1849 qui produisit des lins remarquables par leurs bonnes qualités; enfin, la récolte de 1850, dont les lins longs et gros produisirent beaucoup de filasse, mais laissèrent bien à désirer sous le rapport de la qualité.

C'est ainsi que, malgré le nombre toujours croissant de filatures de lins dans nos environs, malgré les progrès incontestables apportés au rouissage du lin, dont on obtenait une finesse et une douceur incomparables, les bons lins de la Lys, les meilleurs employés par la filature, étaient tout-à-fait délaissés. Les Anglais seuls venaient s'approvisionner dans notre pays, et c'est certainement une des causes qui ont contribué à la supériorité des fils anglais que la filature française imite presque aujourd'hui, qu'elle emploie, à son tour, des lins de qualité supérieure.

A cette époque, tandis que l'agriculture et le commerce de lin en particulier se trouvaient dans l'état le plus déplorable, on constatait officiellement que l'importation des lins étrangers augmentait avec une recrudescence incroyable. En 1835, l'importation des lins en France montait à 376,696 kilogr.; elle atteignit, en 1850, le chiffre de 17,852,867 kilogr.

Cependant, il était facile de reconnaître que ceux des filateurs français (et le nombre en était bien restreint), qui employaient les lins de Bousbecque et de Courtrai, étaient ceux dont les produits jouissaient de la plus haute renommée dans le commerce. On savait aussi que si les fils anglais qui nous arrivaient tous les jours avaient sur les nôtres une supériorité incontestable, il fallait d'abord l'attribuer au perfectionnement de leur matériel, et aussi à l'emploi de meilleures matières. La filature française devait ambitionner ces heureux résultats, et c'est cette vive émulation qu'a fait surgir parmi nous le spectacle des prodiges de la filature anglaise (pourquoi ne l'avouerions-nous pas ?...) qui a porté nos filateurs à tenter de nouveaux efforts pour y parvenir. Les filateurs français ont enfin compris que pour obtenir de bons produits, il fallait employer de bons lins, et ils se sont approvisionnés de lins de la Lys.

Dès lors, l'Angleterre et la France vinrent se disputer nos bons lins. La récolte de 1851, se trouvant précisément des plus favorables, les Anglais viennent faire de nombreux achats; les filateurs français achètent également, et grâce à ces grandes demandes, le prix du lin a bientôt repris les anciens cours, que l'on n'avait pas revus depuis l'heureux temps où la quenouille était en usage dans nos campagnes.

Les filateurs français reconnurent bientôt la supériorité des lins de la Lys. La récolte de 1852 étant moins favorable, trouva un écoulement très facile par l'emploi de nos lins dans les numéros plus bas, et alors que les lins de qualités supérieures commençaient à devenir rares dans nos contrées, la récolte de 1853 vint nous donner des lins fins et doux, qui bien qu'inférieurs à ceux récoltés en 1851, furent des plus convenables pour les fins numéros de la filature.

La récolte de 1854 ne fut pas aussi favorable : les lins étaient de très belle apparence, mais les mauvais temps, survenus avant la fin de la maturité, les ont fait beaucoup dégénérer, au point que ces lins furent gros, sans nature et tout-à-fait sans qualité.

La récolte de 1855 fut excellente; celle de 1856 moins estimée et celle de 1857 très bonnes. Les lins de cette année remplaçaient ceux de 1855 et de 1853, et grâce à cette alternative de bonnes et de mauvaises récoltes, le pays était entièrement fourni de toutes qualités.

D'un prix moins élevé que les années précédentes, les lins de la Lys auraient sans doute baissé considérablement, si la récolte de 1858 n'avait été presque complètement anéantie par la sécheresse extraordinaire des mois de mai et juin. Le résultat de la récolte de cette année ne peut être évalué à plus du tiers de celui d'une année ordinaire. Bientôt la spéculation fait de nombreux achats et les cours des lins atteignent les plus hauts prix.

Les cultivateurs, ayant ensemencé beaucoup de lins en 1859, la récolte aurait été extraordinaire si tous les lins eussent réussi; mais des orages subséquents, arrivés au moment où les lins étaient en fleurs, ont beaucoup endommagé la récolte qui laissa bien à désirer sous le rapport de la qualité, et surtout du rendement en filasse. Les lins avaient été vendus sur pied à un prix exhorbitant, proportionnellement à leur qualité, et comme le cours des lins n'était pas très élevé pendant l'hiver 1859-1860, les rouisseurs éprouvèrent des pertes assez considérables.

Les mauvais temps survenus en février et mars 1860, ont bien contrarié les cultivateurs pour leurs semailles. La graine de lin à semer, dite de tonne, étant très commune et à un prix assez bas, les cultivateurs ensemencèrent d'autant plus de lins cette année, que les colzas avaient été gelés, et que les betteraves, le blé, et les autres produits agricoles étaient à un prix proportionnellement peu élevé. Les lins furent semés pendant quatre mois : quelques parties avaient été semées en février, et quelques-unes le furent encore en mai. La levée fut partout très bien réussie, malgré le mauvais état et l'humidité du sol lors de l'ensemencement.

Beaucoup de lins ont dû être labourés par suite du *froid-feu* qui s'y était déclaré. Presque chaque année il se trouve quelques parties atteintes de cette maladie, mais cette année les communes riveraines de la Lys s'en ressentirent davantage. D'où vient ce *froid-feu ?...* à quelle cause faut-il l'attribuer ?... Tel est le problème qu'il importerait de résoudre, car si on connaissait la cause du mal on pourrait peut-être y remédier.

« Comme les autres végétaux, dit M. Lecat-Butin, le lin est sujet aux maladies ; pour le soustraire le plus possible à leurs funestes effets, il faut étudier et appliquer les meilleurs moyens préservatifs ; ces moyens, selon nous, sont particulièrement ceux indiqués dans le cours de cette appréciation : choisir une bonne graine, et la placer dans les conditions les plus convenables à la germination et à son accroissement. Je ne prétends pas, qu'ayant rempli rigoureusement toutes les conditions que nous venons d'énumérer, le lin soit devenu invulnérable, et qu'aucune espèce de maladie ne puisse l'atteindre, cela n'est pas possible, c'est un problème insoluble. Mais il est certain que l'on peut espérer d'en éviter quelques-unes en prenant les précautions suivantes: respecter l'assolement, ne faire reparaître cette culture, sur la même terre, qu'à des intervalles assez éloignés, ne rien négliger pour donner au sol les meilleures façons ; éviter les piétinements quand la terre est encore trop humide pour pouvoir supporter sans danger les chevaux et les instruments aratoires ; prendre toutes les précautions possibles pour que l'eau ne séjourne jamais à la surface de la terre. Cette dernière précaution ne doit pas seulement avoir lieu au dernier moment, mais toujours, car rien n'est plus funeste à cette culture, qu'une terre morte, froide, compacte. Nous pensons donc que la négligence de ces dispositions peut amener des résultats funestes, et nous pensons même que la terrible maladie que nous appelons vulgairement *froid-feu* est provoquée par ce manque de prévoyance qui en est le principe... » (1)

Nous croyons avec cet honorable cultivateur que les soins et le bon état de la terre, influent pour beaucoup sur le lin qui y est semé ; mais que dirons-nous des anomalies extraordinaires que l'on remarque chaque année ?... Combien de cultivateurs ne connaissent-ils pas certaines parties de terre de leur exploitation où le lin qu'on y a semé a toujours été victime de cette maladie ?... Combien de fois n'ont-ils pas vu leur récolte réussir à l'endroit où la terre humide et peu convenable leur avait occasionné des inquiétudes, tandis que sur le même champ, avec le même assolement et la même graine, le *froid-feu* venait anéantir un lin semé dans les meilleures conditions ?... Ce problème est-il vraiment insoluble ?...

---

(1) *Conférence*, etc., page 17.

On comprendra le service que rendrait à l'agriculture celui qui pourrait connaître la cause de cette maladie et le moyen d'en préserver le lin lorsque nous aurons constaté que plus du dixième des lins ensemencés cette année dans des communes voisines de la Lys, ont été victimes de cette maladie et sont restés de nulle valeur pour les fermiers qui, du reste, en avaient labouré la plus grande partie.

Les communes voisines de Lille n'avaient en général que quelques parcelles atteintes, mais comme le temps était froid et humide pendant le mois de mai et le commencement de juin, les lins ne s'offraient que sous de mauvaises apparences ; mais, grâce à un temps favorable survenu à la fin de juin et dans le courant de juillet, les lins se sont beaucoup améliorés. Les parties vendues sur terre atteignirent encore cette année un prix élevé proportionellement à leur qualité, et tout porte à croire que les fabricants éprouveront de nouveau des pertes, plus considérables peut-être que celles que nous avons constatées l'an passé, à moins que le cours des lins teillés se maintienne à un prix élevé ce que nous n'oserions espérer, la récolte nouvelle étant des plus abondantes.

« .... Nous venons de parcourir la partie qui concerne le plus spécialement la culture du lin, il ne serait peut-être pas sans intérêt de jeter un coup d'œil sur la question la plus importante, mais aussi la plus difficile à résoudre : celle de savoir quels sont les avantages et les bénéfices que peut retirer l'agriculture en se livrant à la culture de cette plante industrielle. Excepté le tabac, aucune culture n'exige autant de travail, autant de soin, autant de prévoyance que celle du lin. « Tout ou rien : » voilà en deux mots les résultats de cette culture ; ce produit exige une terre parfaitement bien préparée, convenablement fumée et bien purgée de toute impureté ; aussi est-il reconnu qu'elle améliore le sol ; de plus elle laisse une terre libre pour l'époque la plus favorable à la semaille des navets, des plants de colza, etc. ; enfin, soit que l'on profite de cette circonstance pour obtenir une récolte dérobée, soit qu'on la néglige, la terre reste toujours bien disposée à recevoir une bonne récolte de froment. Cependant, si après une récolte de lin, la terre se trouve dans un bon état de rapport, le cultivateur a pour ainsi dire payé d'avance cet avantage, car cette culture exige une forte avance de fonds, qui n'est pas toujours compensée par le produit de la récolte, et chacun sait que de toutes les cultures, c'est la plus précaire, la plus exposée ; que le cultivateur ne peut raisonnablement compter qu'une récolte supérieure sur trois, comme il doit aussi faire le sacrifice d'une récolte sur huit, où le rendement est entièrement nul. Il est vrai que le cultivateur ne doit pas considérer seulement le produit même de cette culture, mais encore l'influence qu'elle exerce sur celles suivantes.

Enfin, pour que cette culture se maintienne et prospère elle a besoin d'être protégée par le Gouvernement contre l'importation étrangère qui ruine et décourage le producteur français. » (1)

Nous verrons en quoi doit consister cette protection par rapport aux lins de la Lys, et l'influence qu'elle peut exercer sur la culture, le rouissage et le commerce des lins dans l'arrondissement de Lille.

---

(1) *Conférence*, etc., page 22.

IV.

Triage du lin. — Doit-on le rouir l'année de sa récolte ?... — Supériorité des lins de la Lys sur les différents procédés de rouissage du lin relativement à l'économie, la qualité et la quantité des produits.

Quand le lin est récolté et qu'on en a extrait la graine dans les granges, on lui fait subir une opération qui lui est toujours convenable, quel que soit le mode de rouissage auquel on le destine. Nous voulons parler du *triage* des lins.

Cette préparation consiste à partager le lin en différentes qualités, séparer, par exemple, le lin court du plus long, extraire les veines qui ont versé, etc., etc. On a vu des fabricants soigneux trier jusqu'à cinq sortes de lins d'une seule partie.

On conçoit aisément l'avantage que procure cette opération. Le lin court est généralement plus difficile à rouir que le lin long; si on ne les rouissait pas séparément, la partie manquerait de régularité. De plus, le lin qui a versé, ne peut subir autant de jours de rouissage que celui qui est resté droit, et s'il était mis dans l'eau sans être séparé, on serait exposé à le perdre. Ce soin de trier les lins s'étend jusqu'après le rouissage, et il existe tel fabricant qui n'envisageant que les avantages qu'il en retire, ne craint pas de trier le lin trois fois avant de le teiller, quelqu'importants que soient les frais que ce travail lui nécessite : d'abord, dans la grange, comme nous venons de le spécifier, puis après le premier rouissage, avant de le mettre à l'eau pour la seconde fois, et enfin, lors que le lin est suffisamment roui avant de le teiller. On ne saurait douter, après tous ces soins, de la régularité que présente ce lin, et nous ne craignons pas d'assurer que si les lins de la Lys sont très réguliers, c'est au triage qu'il faut d'abord l'attribuer, et les différens modes de rouissage donneraient les mêmes avantages si on leur faisait subir le même travail.

Nous ne pouvons passer sous silence une question qui a déjà soulevé bien des débats, et que nous avons expérimentée sous différens rapports, à savoir s'il est plus avantageux de rouir le lin aussitôt après sa récolte, ou d'attendre l'année suivante. Dans les environs de Courtrai, l'opinion est tout-à-fait opposée au rouissage des lins nouveaux; M. Dufermont cultivateur à Hem, au contraire, dans un rapport présenté à la *société des sciences de l'agriculture et des arts de Lille*, en 1845, vante ce rouissage en s'appuyant sur des chiffres très avantageux. Quant à nous, voici le résultat de nos expériences à ce sujet.

Dans les années où le lin est bien réussi, s'il est resté droit et s'il a parfaitement mûri, sa filasse est assez ferme pour subir un prompt rouissage, et le rendement et la qualité du lin nouveau ne diffèrent pas de celui qui est resté en tas pendant une année; mais lorsque le lin a versé, que ses tiges, privées d'air et de soleil, ont dégénéré sur terre (les lins de 1859, par exemple), il est hors de doute que le lin repose se raffermit et obtient plus de qualité et plus de filasse, n'étant roui que l'année qui suit sa récolte. Du reste, si l'on constate des avantages au rouissage de la première année, d'abord parce qu'il peut être teillé et filé en peu de temps, tandis que dans la seconde hypothèse on doit être un an avant de le fabriquer; ensuite parce qu'il ne faut pas de granges ou de magasins pour le renfermer pendant l'hiver; il est incontestable qu'il est plus avantageux de laisser reposer le lin et de ne le rouir que l'année suivante, car alors on peut le trier pendant l'hiver dans les granges, ce qui, comme nous venons de le voir, est absolument nécessaire pour les lins de bonne qualité; de plus, si on rouit le lin aussitôt après sa récolte, quand le lin sèche sur les prairies, (1) une pluie d'un jour ou deux suffit pour le faire noircir, tandis que le lin qui a reposé pendant un an peut supporter de fortes pluies sans courir le même danger. Enfin, l'on conçoit aisément que les feuilles qui se trouvent adaptées à la tige du lin ne peuvent pas se secouer aussi facilement quand le lin n'est que récolté, que quand il a séché pendant près d'une année, et il est incontestable que ces feuilles ne peuvent que nuire au rouissage et peuvent influer défavorablement sur la régularité du lin.

En résumé, nous pensons que l'on ne doit rouir le lin la première année que quand il a très bien mûri et que l'on ne peut, sans de grands embarras, le conserver un an pour lui faire subir les opérations du battage et du triage dans les granges.

Nous ferons encore observer, que lorsque l'on est disposé à rouir le lin l'année de sa récolte, il est préférable, aussi bien pour le rouissage des lins de la Lys, que pour tout autre procédé, de le rouir aussitôt sa récolte, au lieu d'attendre quelques semaines, car quand le lin a reposé ainsi quelque temps, il suinte, sa feuille se colle à la tige et nuit à la régularité du rouissage.

Nous avons déjà eu à constater la supériorité du rouissage du lin de la Lys. Il ne faut pas seulement attribuer les bons résultats de ce rouissage à l'efficacité des eaux de cette rivière, mais aussi aux

---

(1) Quand on a reconnu que le lin est suffisamment roui, on le retire du ballon, et les grosses bottes sont mises debout sur le bord de la rivière, afin qu'elles puissent s'égoutter. Dans ce moment, le lin est tellement faible, que si on voulait l'étendre sur le pré, il ne pourrait supporter cette manutention, il se briserait entre les mains, comme s'il était totalement pourri ; il retrouve toute sa force en séchant. C'est pour cela qu'aussitôt que les bottes ont un peu perdu l'eau qu'elles contenaient, on les délie et on les divise en un certain nombre de poignées qu'on met sur le terrain en forme de cône droit A. Cette opération se fait facilement au moyen d'un mouvement circulaire et horizontal de la main qui a saisi la poignée de lin par la tête. (Th. Moreau page 12.)

soins assidus que l'on apporte à la préparation du lin. Du reste, si l'on considère le montant des frais occasionnés par le rouissage des lins de la Lys, on remarquera facilement que cette somme consiste dans la manutention du lin. Les autres frais montent à 6 fr. par 1,000 kilog. de lins en tiges et ils ont pour objet la location du ballon et de la prairie nécessaire pour sécher le lin. Si l'on rouit deux fois, cette dépense s'élève à 10 fr., et si, après le rouissage l'on blanchit le lin, cette dépense est augmentée de 2 fr. pour location de la prairie nécessaire à l'étendage du lin. (1)

Le montant de ces dépenses est bien peu élevé comparativement aux résultats que l'on obtient par ce mode de rouissage, et nous ne craignons pas d'assurer que les différents systèmes que l'on vient souvent patroner en les qualifiant de *procédés avantageux, économiques, supérieurs*, etc., ne peuvent lutter, quant au prix, avec le rouissage des lins de la Lys. En effet, si la manutention coûte moins, c'est qu'elle est moins complète, et par conséquent elle laisse à désirer, comme dans les différents autres modes usuels du rouissage du lin. A plus forte raison, les procédés manufacturiers, chimiques ou industriels ne pourront-ils pas lutter, quant au prix, avec le rouissage des lins de la Lys, car les frais de construction de machines et d'appareils, leur chauffage, l'achat ou la fabrication de matières nécessaires au rouissage du lin, coûteraient incontestablement plus de un franc par cent kilogrammes, prix du rouissage (indépendamment de la manipulation) des lins de la Lys.

Si nous considérons le rouissage du lin de Courtrai par rapport au rendement en filasse, nous reconnaissons qu'il existe des procédés actuels (non manufacturiers) de rouissage du lin où l'on peut espérer

---

(1) M. Mareau, en rapportant les frais de rouissage des lins de la Lys, porte, page 15, « pour deux blanchissages, 14 fr. » — Comme jamais l'on a blanchi un lin deux fois, il est probable que M. Mareau aura confondu la dépense pour rouir deux fois et blanchir ensuite, avec deux blanchissages ; cette dépense revenant à 14 fr. par ballon.

plus de rapport : Nous citerons, par exemple, le lin roui sur terre ou à la rosée, qui rapporte quelquefois vingt pour cent et plus que le lin roui dans la Lys; mais cette différence est bien compensée par la qualité de ces derniers, dont les prix, comme nous avons eu l'occasion de le rapporter, montent souvent de 3 à 5 fr. et plus, avec une moyenne que l'on peut évaluer de 3 fr. 50 la botte, tandis que le lin roui sur terre ne se vend en moyenne que de 1 fr. 75 à 2 fr. 50 la botte.

Malgré le mauvais résultat qu'apporte ce mode de rouissage, il est encore pratiqué, spécialement pour les qualités inférieures, dans quelques communes de l'arrondissement de Lille. La manière de rouir le lin sur terre ne consiste qu'à l'étendre sur une prairie, le retourner de temps en temps, et le renfermer quand il est suffisamment roui ce qui a lieu, proportionnellement au temps qu'il fait, au bout de quatre à six semaines.

L'on remarque, d'après ce qui précède, que le rouissage du lin sur terre ne nécessite que bien peu de frais ; mais seulement on ne saurait trop recommander de ne rouir sur terre que les lins de mauvaise qualité et dont on ne peut espérer obtenir que de bas prix. « L'abaissement du prix n'est pas le seul inconvénient qui soit inhérent à ce mode de rouissage. La réussite du rouissage des lins sur terre est beaucoup plus incertaine que celle des autres modes, elle dépend presque exclusivement de l'inconstance de la température ; les résultats sont plus inégaux et plus incertains ; la filasse qui en provient a moins de force ; elle est de plusieurs couleurs ; elle a des taches d'un brun plus ou moins foncé, causées par les parties ferrugineuses du sol, taches toujours très difficiles à blanchir. Il n'y a donc lieu de recourir à ce mode que lorsque la situation des localités ne permet pas d'en pratiquer d'autre. » (1)

Pourrait-on obtenir par un procédé manufacturier quelconque un rendement en filasse supérieur à celui des lins de la Lys ?

_____

(1) Mareau, page 32.

Cette question mérite d'autant plus d'être étudiée que nous la considérons de la plus haute importance ; nous répondrons par l'expérience de chaque année qui nous donne, croyons-nous, le moyen de la résoudre vraisemblablement.

Dans la Lys, lorsque, au printemps, on peut laisser le lin chaque fois qu'on veut le rouir, huit ou dix jours dans la rivière, on obtient un rendement supérieur en filasse que lorsque pendant l'été, on ne peut le laisser que trois ou quatre jours, à plus forte raison, si le lin devait se rouir dans des cuves à l'eau chaude, ou enfin, par un procédé plus prompt ou plus fort que des procédés usuels de rouissage de lin, il obtiendrait certainement moins de rapport ; par conséquent on doit regarder comme préjudiciable au lin et n'entreprendre qu'avec la plus grande réserve, un rouissage de dix, quinze ou vingt heures.

Les rouissages de lin par des procédés plus prompts que ceux usités actuellement ont, en outre, un inconvénient facile à comprendre : C'est la difficulté qu'ils présentent pour savoir s'ils sont suffisamment rouis. « La durée du temps que le lin doit séjourner dans le rouloir n'étant pas déterminée, puisque cela dépend du plus ou moins de chaleur dont on jouit, il est nécessaire de visiter le lin de temps en temps pour s'assurer s'il est suffisamment roui. Quand l'opération touche à sa fin, il est utile d'y regarder deux fois par jour, car le rouissage étant terminé, le lin ne doit pas rester une heure de plus dans le rouloir ou il perdrait bien vite de sa force. On reconnaît que le lin est assez roui quand la filasse se détache facilement de l'écorce, dans toute la longueur de la tige. Pour faire cette expérience, on fait sécher une petite poignée de lin qui a été prise dans le rouloir. Il serait difficile de juger le lin qui serait encore mouillé. » (1)

Si l'on éprouve déjà tant de difficultés dans l'appréciation du moment opportun pour arrêter le rouissage du lin, par les procédés

---

(1) Mareau, page 12.

actuels, combien doit-il être plus difficile dans les divers systèmes de rouissage où le lin se rouit aussi fort en une heure, qu'en six heures dans les eaux de la Lys ?... De plus, dans les cuves, le lin est constamment serré, soit avec des poutres, soit avec des planches ou tout autre poids ; on ne peut suivre toutes ses oscillations, qui indiquent au rouisseur expérimenté, du rouissage *au ballon*, le degré de rouissage auquel se trouve le lin. Ainsi, met-on un ballon de lin dans la Lys, supposons que ce soit à un moment où le lin se rouit en six jours : Le premier et le second jour le ballon descend et s'enfonce presque à fleur d'eau ; tandis que le troisième s'élève à trente et quelquefois à cinquante centimètre au-dessus du niveau de la rivière. Quand le lin se relève de la sorte, c'est un indice qu'il est à moitié roui, le lendemain le lin redescend et on le décharge du poids dont on l'avait enfoncé, jusqu'à ce que le moment de l'extraire soit arrivé.

Ainsi, l'on connaîtra aisément, d'après ce qui précède, que le rouissage industriel n'offre pas d'avantage sérieux sous le rapport de l'économie ni du rendement des produits. Il resterait à savoir s'il est préférable au rouissage du lin de la Lys quant à la qualité de sa filasse. Nous pensons que jusqu'aujourd'hui aucun rouissage manufacturier ne peut être comparé au rouissage du lin de la Lys, sous le rapport de la qualité de ses produits. Nous avons eu maintes fois l'occasion de voir le lin roui d'après les systèmes anglais ou des rouissages analogues. Ces lins sont excessivement légers, maigres et généralement sans force.

Ils ont souvent un couleur blanchâtre, ce qui prouve que l'action de l'eau a été trop violente et leur a fait perdre beaucoup de leur nature : Aussi presque tous les filateurs qui en ont employé nous ont rapporté que ce lin s'est amaigri encore sur le peigne, au lieu de se raffiner ; que le rapport était très faible proportionnellement à l'apparence, et le fil composé de cette matière sans force et impropre à la filature. En un mot, la plupart de ceux qui avaient acheté de ces lins les trouvèrent si peu favorables, que loin de recommencer leurs achats ils se débarrassèrent de ces lins en les mélangeant par petites quantités avec des lins de la Lys et en les faisant entrer dans des numéros de fils plus gros que ceux auxquels ils les avaient destinés.

Ne pouvant prouver une supériorité réelle à leurs produits, les partisans du rouissage industriel fondent les avantages de leur système sur la *salubrité* de leurs procédés. Nous verrons que cet avantage est illusoire, et comme cette question est de la plus haute importance, nous nous ferons un devoir de l'étudier après avoir rapporté quelques observations pratiques sur les différents modes de rouissage industriel du lin, écrites avec tant de précision et dont la théorie a été si bien examinée et rapportée par M. Mareau.

V.

Divers inconvénients, considérés au point de vue PRATIQUE dans les différents modes de rouissage manufacturier du lin. — Teillage mécanique du lin comparé au teillage à la main.

L'honorable M. Mareau a relevé avec un soin tout particulier les différents modes de rouissage manufacturier du lin. Ses appréciations, faites avec la plus grande impartialité, ont démontré que le système du rouissage des lins de la Lys est supérieur aux différens procédés industriels, mais comme *il importe*, dit-il, *que le rouissage du lin puisse s'effectuer sur une grande échelle, il est important d'en venir à un procédé plus facile et plus prompt.*

Il y a peut-être quelque témérité d'oser émettre notre opinion à côté de ces hommes dévoués et courageux qui emploient leurs talents à la défense et à l'amélioration de la préparation et de l'industrie linière, nous qui ne possédons que quelques connaissances pratiques sur le rouissage et la culture du lin? Mais nous avons pensé qu'il importait que chacun dans la sphère de ses connaissances devait payer son tribut pour ce qui peut intéresser cette importante matière, et sans nous inquiéter de notre incapacité, nous offrons ces quelques considérations que nous croyons utiles et qui peuvent intéresser tous ceux qui s'occupent du rouissage manufacturier du lin.

En général, la récolte du lin se fait dans les mêmes conditions, quel que soit le mode de rouissage auquel on le destine. Nous avons vu que le *tringe* du lin est nécessaire; il est bon de secouer encore le lin avant de le mettre dans les cuves, parce que les feuilles et la poussière qui se trouvent entre les tiges peuvent nuire à la régularité du rouissage.

D'après le procédé à l'eau chaude de *Schenck*, le lin, avant son lotissage (triage), subit l'opération du coupe-racines.

« Le lin passe dans la machine à rogner pour en couper les racines (root-cutter). Cette machine ressemble beaucoup à un hache-paille ou un coupe-racines, c'est-à-dire qu'elle consiste en un volant en fonte, dont deux des rayons opposés sont armés de couteaux courbes qui viennent en tournant trancher les racines du lin qu'on leur présente et qu'on fait saillir devant eux de trois à quatre centimètres. Deux jeunes filles sont aussi nécessaires pour ce travail : l'une saisit les poignées ou bottes dépouillées de leur graine, les bat verticalement sur une table pour en amener les racines au même niveau, afin que l'on ne coupe sur toutes les tiges que la même longueur, et les livre à la seconde qui les saisit par le milieu et les pose dans l'auge de la machine à rogner pour les couper à la hauteur voulue. (1) »

Cette opération nous paraît tout-à-fait inutile. D'abord, la racine du lin ne peut nuire en aucune manière à son rouissage ; elle se rouit avec le reste, et lorsque le teillage du lin s'effectue dans de bonnes conditions, on peut être persuadé d'en retirer toute la filasse possible. De plus, quelques soins que puissent apporter les ouvrières chargées de ce travail, il nous semble très difficile et presque impossible que quelques tiges ne viennent se croiser sous le coupoir, ou que certaines poignées ne soient posées un peu trop avant dans l'auge de la machine, ce qui ferait perdre au lin une partie de son poids. Et quand même ces inconvénients n'existeraient pas, puisque cette action n'est d'aucune utilité, nous croyons que les industriels qui la pratiquent feraient bien de ne plus l'effectuer ; ils auraient moins de frais et plus de rendement dans leurs produits.

Nous avons déjà eu l'occasion de dire combien il est préjudiciable d'employer de la vapeur ou de l'eau chaude pour rouir le lin. Nous ne nous étendrons plus sur cette matière, nous bornant à

(1) Mareau, page 70.

examiner sommairement les différentes actions supplémentaires apportées dans ces divers systèmes de rouissage du lin et que nous considérons très préjudiciables, comparées aux manutentions des procédés usuels de rouissage.

En outre que l'opération s'effectue dans l'eau chaude, d'après certains systèmes de rouissage, on place dans des cuves ou bacs rouloirs des produits chimiques, de la chaux, ou quelque autre agent plus ou moins violent. Cette addition de matières étrangères n'est-elle pas encore plus préjudiciable que le rouissage à l'eau chaude, sans mélange ? Outre l'inconvénient qui pourrait résulter d'un amalgame mal effectué, par lequel on pourrait avoir un lin inégalement roui, les frais d'achat, de fabrication ou de transport de ces divers procédés viennent augmenter le prix de revient du rouissage, et à supposer que le mélange soit bien effectué, la violence de l'action serait toujours nuisible et présenterait le même inconvénient que nous avons constaté pour l'emploi de l'eau chaude.

Parmi les différents avantages signalés par les inventeurs de procédés manufacturiers de rouissage du lin, il en est qui trouvent utile de *rincer* le lin après le rouissage. « Cette opération, disent-ils, est importante et donne les meilleurs résultats. » Peut-être, en effet, le rinçage du lin peut-il être avantageux pour ce rouissage industriel, mais si l'on considère le rouissage du lin, d'après les procédés usuels, l'opinion pratique que nous en tirerons est tout-à-fait contraire à cette opération. En effet, quand le lin de la Lys est extrait de la rivière, et qu'on vient de le sécher en petites pyramides appelées vulgairement *cahoutes*, s'il survient une pluie quelque peu abondante, ne fut-elle que de quelques minutes, aussitôt le lin se *lave* et devient tout-à-fait irrégulier. On a quelquefois constaté une pluie de moins d'une heure occasionner une diminution de 20 pour cent sur la valeur du lin roui. Nous pouvons citer l'exemple de deux lins rouis en même temps, provenant du même champ et d'une égale qualité, dont l'un, séché avant la pluie, était beau et régulier et se vendait cinq francs la botte; tandis que celui qui était mis *en cahouttes* plus tard éprouvait, par suite de la pluie, une couleur et une force tout-à-fait irrégulières et ne pouvait se vendre plus de 3 fr. ou 3 fr. 50 la botte.

En présence de tels faits dont nous sommes chaque année les témoins, que devons-nous penser du *rinçage du lin?* Quelques objections que l'on puisse nous faire sur la régularité du rinçage qui s'opère avec les soins les plus minutieux, nous pensons que le lin perd dans cette opération une partie de sa douceur, et peut-être devons-nous attribuer au rinçage, que nous regardons tout-à-fait inopportun, le peu de qualité que nous avons généralement remarqué dans les lins rouis par procédés industriels.

Un des avantages que considèrent comme très important et que vantent beaucoup ceux qui patronent le rouissage manufacturier consiste *à la faculté, pour le rouisseur, de pouvoir rouir son lin pendant les douze mois de l'année*. Qu'il nous soit permis d'examiner la possibilité de ce rouissage continuel, et à supposer que le lin se rouisse aussi bien en hiver que dans l'été, s'il y aurait réellement avantage pour un industriel de rouir pendant tout le cours de l'année. Nous inclinons pour la négative et nous pensons que les raisons que nous alléguons seront partagées par tous ceux qui connaissent le rouissage du lin.

L'expérience nous a démontré, comme nous avons eu déjà l'occasion de le rapporter, que si l'on veut rouir du lin l'année de sa récolte, il est avantageux de le rouir au plus tôt sans attendre qu'il *ait suinté*. Le rouissage qui s'effectue, par exemple, au commencement d'octobre ne rapporte généralement pas autant de filasse, dans les lins nouveaux, que celui qui s'opère au mois d'août. Par conséquent, quant aux lins nouveaux, la faculté du rouissage pendant l'hiver qui suit sa récolte est tout-à-fait inutile. Le seul avantage qu'on pourrait en retirer consisterait pour les lins de la seconde année. Or, un rouisseur de lin, quelque grande que soit la quantité qu'il se propose de rouir, doit pouvoir le faire depuis le mois de mai jusqu'au mois d'octobre, et prétendre rouir plus tard serait d'autant plus absurde que l'on éprouve alors les plus grandes difficultés pour sécher le lin.

Nous ne saurions trop engager ceux qui s'occupent du rouissage manufacturier du lin de ne rouir que pendant l'été ; les avantages sont d'autant plus appréciables, que le lin gagne en qualité et en rapport s'il repose quelque temps entre le rouissage et le teillage, et puisque le lin se rouit mieux en été et se teille mieux en hiver, pourquoi ne rouirait-on pas tous les lins en été et n'attendront-on pas l'hiver pour les teiller, ce qui a lieu pour les rouissages du lin par les procédés usuels dont les ouvriers rouissent les lins depuis mai jusqu'en octobre, et le teillent pendant le reste de l'année.

Les divers procédés du rouissage manufacturier du lin diffèrent essentiellement en ce qui concerne la manière de sécher le lin après le rouissage. Dans beaucoup d'usines, on sèche le lin d'après la méthode de Flandre (en *cahoutes*) sur les prairies. Mais on cite divers procédés tout-à-fait impropres et que nous ne saurions trop recommander de supprimer. Ainsi, les uns sèchent leurs lins en laissant la gerbe droite sur la prairie après en avoir élevé le lien et élargi la base. Quelque faible que puisse être cette gerbe, il est certain que le milieu ne peut se sécher comme le tour et que, par conséquent, le lin sèche irrégulièrement. Puis, à l'endroit où reste le lien, le lin doit moisir dès la moindre pluie et éprouver les plus grandes difficultés pour sécher. Ces inconvénients n'existent pas quant on sèche en *cahoutes* qui sont si légères que l'air et le soleil peuvent communiquer à travers les tiges, et qu'on peut retourner à volonté pour produire les belles couleurs que l'on trouve dans les lins de la Lys rouis deux fois et qui ressemblent souvent au lin blanchi.

Que dirons-nous des lins séchés dans des hangars ou sur les générateurs ?... Nous avons parfois essayé de sécher des lins au-dessus de fours où l'on cuisait le pain ; le lin, ainsi séché, était toujours plus difficile à teiller et généralement maigre et dur. L'expérience nous a démontré que pour obtenir un séchage convenable il fallait au lin de l'air et du soleil. Nous ferons remarquer en passant que si l'on rouit le lin deux fois, il n'est pas nécessaire de retourner les cahoutes plus d'une fois après le premier rouissage; mais si l'on veut obtenir une couleur régulière, il faut, quand le lin est tout-à-fait roui, le retourner deux ou trois fois et bien séparer les tiges, afin que le lin soit régulier. L'on obtient jamais de plus belles couleurs dans les lins de la Lys rouis deux fois que quand le lin en cahoutes est sec et qu'il survient des pluies; ces pluies, suivies d'un beau temps, blanchissent le lin et le rendent de toute beauté; mais nous avons déjà vu que si la pluie arrivait avant que le lin ne soit parfaitement égoutté, au lieu de le bonnifier elle lui serait des plus préjudiciables.

Dans tous les lins de la Lys non blanchis, quels qu'ils soient, on trouve des veines de lin vert. La partie filamenteuse du lin qui reste verte est celle qui a été privée d'air et de soleil pendant le séchage. C'est ce qui explique pourquoi l'on est habitué de faire de très petites *cahoutes* pour sécher le lin. Comment pourrait-on obtenir une couleur favorable en séchant le lin dans des séchoirs couverts à l'aide de ventilateurs, et sans un rayon de soleil?

D'autres, pour le sécher, étendent le lin sur la prairie aussitôt après le rouissage. Il faut en convenir, c'est là le meilleur système pour obtenir une belle couleur; mais le lin nécessite beaucoup de place pour sécher, et on doit éprouver bien des difficultés de partager convenablement un lin mouillé. De plus, si une pluie abondante survenait peu de temps après l'étendage du lin sur le pré, on aurait un lin irrégulier, sans rapport, qui perdrait par cette pluie 30 pour cent de sa valeur.

Enfin, il en est qui sèchent le lin en le faisant passer par des cylindres ou dans des presses !... Nous n'avons pas besoin de faire ressortir l'absurdité d'un tel procédé. Le lin, après son rouissage est si tendre, que celui qui ne le connait pas supposerait qu'il est gâté. Quand deux gerbes se choquent ou quand les gerbes sont jetées violemment sur la terre, la place où le lin a frotté est presque toujours, par le seul effet de ce contact, perdue pour le fabricant. Quel effet la pression des rouleaux ne doit-elle pas produire sur les tiges mouillées du lin qui vient de sortir du routoir ? Et cependant, ce procédé est encore employé par différentes usines de la plus haute importance.

On voit par ce qui précède combien le rouissage manufacturier du lin, considéré sous le rapport pratique, laisse encore à désirer pour arriver à lutter avec les procédés usuels. En rapportant notre opinion à ce sujet, nous n'avons pas eu l'intention de nous livrer à une vaine critique du rouissage industriel ; mais en montrant combien ces divers procédés sont encore en-dessous des rouissages actuels, on peut espérer pour ces derniers une protection sûre et nécessaire qu'ils ont besoin, et que semble ne pas avoir comprise un gouvernement voisin qui vient d'apporter de nouvelles entraves au rouissage du lin de la Lys.

Nous le savons, une grande question est à la mode : l'industrie veut fonder des établissements importants, et le problème à résoudre est de chercher à travailler avec avantage, dans la même usine, toutes les préparations du lin ; c'est-à-dire à le recevoir directement du champ à la fabrique, le battre, le trier, le rouir, le teiller, le filer et même le convertir en toile dans le même établissement. Mais faut-il pour cela que le rouissage soit effectué à la vapeur ou par un procédé plus prompt ou plus fort que les procédés actuels ? Un honorable industriel connaissant parfaitement la culture du lin vient de fonder un établissement de rouissage et de teillage mécanique du lin. Voici comment il procède du rouissage, et les produits qu'il en retire sont très favorables et peuvent presque lutter avec les lins de la Lys.

Son établissement étant situé près d'une fontaine donnant de l'eau en abondance, cet industriel creusa un cours d'eau dans lequel il plaça *des ballons*, comme si c'était dans la Lys. Deux écluses situées à chaque extrémité du rouloir lui donnent la faculté de laisser l'eau se renouveler constamment et peu à la fois, et le lin s'y rouit de la même manière qu'à Bousbecque.

Ce n'est pas sans difficultés qu'il est parvenu à cet heureux résultat : il a fallu d'abord creuser le cours d'eau et ensuite, quand le lin fut un certain laps de temps dans le ballon, il s'aperçut que si le lin se rouissait bien aux deux extrémités de sa tige, le milieu, loin de se rouir, devenait au contraire plus fort, après le rouissage qu'avant cette opération ; il était tout-à-fait impossible de le teiller. Ce ne pouvait être que l'action de l'eau qui n'avait pas assez d'empire sur le lin pour le rouir. Beaucoup d'industriels, en pareils cas, auraient fait couler l'eau chaude de leur machine à vapeur dans le rouloir, afin de donner à l'eau une action plus rouissante. M. C.. a eu la bonne idée de ne pas suivre ce système que tout rouisseur de lin expérimenté n'emploierait absolument qu'à la dernière extrémité. Après diverses expériences il remarqua que, lorsque le lin avait été un peu blanchi avant de le mettre dans le ballon, l'action de l'eau était plus facile, et maintenant il rouit les lins très régulièrement et ses produits sont magnifiques. Avant de rouir le lin, il l'étend quelques jours sur une prairie et il le met ensuite dans ses ballons. C'est ainsi qu'il est parvenu à avoir du lin excellent et d'un rapport équivalent à peu près à celui des lins de la Lys. Pourquoi ne pas essayer de perfectionner les procédés actuels de rouissage dans chaque contrée, au lieu de vouloir, par des procédés prompts et violents, rouir le lin en peu de temps et par des procédés dispendieux ?

Nous croyons que les industriels qui auraient l'intention de fonder de ces grands établissements liniers devraient avant tout bien étudier les procédés actuels de rouissage et particulièrement le rouissage des lins de la Lys. Quant à la préparation du lin et à la manière d'en effectuer le séchage, nous croyons avoir suffisamment prouvé que la manière de sécher le lin dans les environs de Courtrai est supérieure à tous les autres systèmes, et surtout à ceux employés dans les séchoirs dans les divers établissements de rouissage industriel. Nous ne saurions trop les engager à choisir un endroit convenable près d'un cours d'eau ou d'une rivière où l'eau se trouverait en abondance; d'essayer si cette eau est propre au rouissage en y plaçant pendant quelques jours une gerbe de lin. Si au bout de quelque temps cette gerbe est suffisamment rouie et bien régulière, fonder l'établissement en ce lieu et y placer des ballons, d'après la méthode en usage dans la Lys, à l'exemple de M. C., que nous avons cité; ou bien, y placer le lin à fleur d'eau, par gerbes arrondies (*banjeaux*), qu'on retournerait chaque jour pour donner au lin la plus grande régularité possible. Comme le lin demande beaucoup de place pour être séché *en cahoutes*, il est essentiel de choisir de grandes prairies voisines du routoir, et comme nous l'avons prouvé tout à l'heure, il est préférable de rouir tous les lins pendant la belle saison et de ne le teiller que longtemps après son rouissage. En agissant ainsi, l'on peut espérer obtenir une bonne qualité et un prix avantageux, pourvu que le teillage mécanique soit bien effectué.

Le teillage *consiste à « séparer la partie filamenteuse ou filasse du lin, de la partie ligneuse de cette plante. »* Nous avons dit que dans les environs de la Lys cette opération se fait à l'aide de l'*écang*. Ce teillage est celui qui produit les meilleurs résultats. On fait aussi usage en Belgique et en Hollande d'un appareil auquel on donne le nom de moulin (parce qu'en effet il ressemble à un moulin), dont les ailes en bois remplacent l'*écang*.

Depuis que la question de rouir et de teiller le lin sur une vaste échelle se trouve posée, il n'est peut-être pas de machines qui aient été plus diversement construites que les machines à *teiller* le lin. L'honorable M. Mareau reproduit le dessin des principales de ces machines dont on peut faire deux parts : celles qui remplacent le maillet et qu'on appelle *broyeuses*, et celles qui remplacent l'*écang* auxquelles on donne généralement le nom de *teilleuses*. Nous avons vu avec beaucoup d'intérêt la description de ces machines, la

5

plupart très ingénieusement combinées, et nous avons eu maintes fois l'occasion de les voir fonctionner. C'est pourquoi nous croyons pouvoir donner quelques appréciations considérées d'après le teillage à la main.

« Nous considérons que les meilleurs procédés de teillage sont ceux avec lesquels on obtient le plus de lin dans un temps donné, et le moins de déchet, *pourvu, toutefois que le lin soit bien purgé de sa paille et ramolli par l'action de l'écang ou de la machine.*

« Les tentatives faites dans divers pays pour diminuer les frais de teillage et en augmenter le rendement, dit M. Mareau, ont été nombreuses et souvent inutiles » et après avoir donné la description claire et précise de ces machines, ce savant se réserve de donner le compte-rendu du résultat de ses expériences lorsqu'il aura suffisamment étudié ces différentes machines. Il sera bien intéressant de connaître le rapport de l'honorable M. Mareau à ce sujet ; et cet examen pourra servir de guide à ceux qui se proposeraient de construire ces appareils.

Quant à nous, s'il nous était permis d'émettre dès aujourd'hui notre opinion sur les différentes machines à teiller le lin à la mécanique, nous les diviserions en deux catégories principales.

La première comprendrait celles de ces machines qui sont, en général, une application différemment disposée du moulin à teiller dont nous venons de parler et dans lesquelles l'ouvrier tient lui-même dans la main le lin qu'il teille. L'autre comprendrait celles qui teillent le lin sans le secours de l'ouvrier, c'est-à-dire que le lin destiné à ces dernières se trouve serré dans des presses, des rouleaux, des cylindres, etc., etc.

Sous le rapport du perfectionnement mécanique et de la beauté de l'exécution, ces dernières tiennent certainement la première place ; mais les premières de ces machines sont incontestablement meilleures lorsque l'on peut se procurer des ouvriers très intelligents, ayant une parfaite connaissance du teillage du lin. Notre opinion sera partagée, nous en avons la certitude, par tous ceux qui ont quelques connaissances pratiques du teillage du lin. Ainsi, quelque bien qu'ait été effectué le rouissage, il se trouve toujours dans chaque partie de lin des veines plus fortes et d'autres plus faibles. Quelque soin qu'on ait apporté au triage, cette diversité existe toujours. L'ouvrier qui présente le lin à l'écang ou à la machine a soin de mettre le lin faible à l'abri du plus fort, en sorte que cette partie se trouve au contact du coup et protège la partie plus délicate. Dans les machines où le lin se trouve serré entre des rouleaux ou dans des presses, tout le lin, de faible comme de fort, éprouve le même nombre de coups et à force égale, en sorte que le lin faible peut parfaitement être teillé, tandis que le lin fort ne le serait qu'à demi; c'est pourquoi, dans les divers teillages, d'après ce genre de machine, les ouvriers repassent le lin après son teillage et le régularisent à l'aide du *racloir*. (1)

D'où je conclus que lorsque l'on peut se procurer des ouvriers intelligents et au courant du teillage, il est préférable de faire le lin au moulin ou à une machine analogue dans laquelle l'ouvrier tient le lin qu'il doit teiller, mais que dans les centres où les ouvriers au lin sont peu communs, il est plus favorable de monter un métier plus mécanique, que nous avons appelé de la deuxième catégorie.

On conçoit quelle importance les industriels doivent attacher à ne monter que de bons systèmes de teillage. Le rendement du

---

(1) « Le dernier outil dont on fasse usage, celui qui contribue beaucoup à assouplir le lin, est une espèce de couteau qui ressemble assez au coupe-pâte des boulangers; il ne doit pas avoir la lame tranchante; car, dans ce cas, il couperait le lin au lieu de l'assouplir. Pour s'en servir, l'ouvrier revêt un petit tablier de cuir fort, qui prend de la ceinture jusqu'aux genoux. La poignée de lin est appuyée sur le tablier de cuir, et l'ouvrier la soumet à l'action répétée du couteau, que nous appellerons *racloir*, à cause de la manière de s'en servir. Le travail du racloir doit être proportionné à la nature du lin, ceux dont les filaments sont fins et forts gagnent beaucoup à cette manutention. L'excès, comme en toutes choses, ne vaudrait rien; c'est à l'ouvrier à juger le lin qu'il travaille. » (Th. Mareau, page 40.)

produit, la qualité du lin et sa régularité en dépendent. Nous engageons les industriels à imiter certains manufacturiers qui montent en même temps les deux systèmes, mettent dans leurs métiers à presses ou à cylindres les parties de lin plus régulières et souvent les moins rouies; tandis qu'ils laissent aux soins d'un bon ouvrier le teillage au moulin ou à un système équivalent, les parties moins régulières ou qu'ils tiennent à avoir plus battue, plus douce, et suivant l'expression généralement employée plus *ramollies*.

Nous pensons du reste que l'habile expérimentateur, M. Mareau, qui met tous ses soins à l'étude des différents modes de teillage du lin, rendra bientôt compte des expériences qu'il fait avec autant de précision que d'impartialité, et nous engageons les industriels qui seraient disposés à établir ces sortes de machines à faire appel aux connaissances approfondies et à la longue expérience de M. Mareau.

VI.

Protection nécessaire à la culture et à l'industrie linière, particulièrement en ce qui concerne le rouissage et les droits de douane à l'importation des lins.

Une des questions les plus intéressantes, relativement au rouissage du lin, est celle qui a rapport à la salubrité de cette opération. Nous ne croyons pas nécessaire de rapporter l'importance que peu amener le résultat des recherches à ce sujet, puisque, comme nous avons eu l'occasion de le rapporter d'après M. Mareau, le rouissage du lin a été depuis plusieurs siècles l'objet de législations et de défenses dans presque toutes les contrées. Nous avons vu plusieurs fois dans le cours de l'examen du rouissage et du commerce des lins de la Lys la défense de rouir être à l'ordre du jour, et nous avons cité un arrêté de M. le Préfet du Nord qui interdisait, en 1825, le rouissage du lin dans les canaux et rivières navigables du département du Nord.

Beaucoup d'inventeurs de rouissage industriel du lin citent avec emphase et lancent dans les cantons liniers un grand nombre d'imprimés où la salubrité est souvent citée comme principale amélioration de leurs procédés sur les systèmes actuels du rouissage du lin. M. Mareau, qui a étudié cette question avec une constance et un soin remarquables, et dont nous nous ferons un devoir de citer les principaux arguments, a prouvé qu'en général ces routoirs sont plus insalubres que le rouissage dans les eaux courantes. Nous ajouterons à cet excellent travail quelques observations spéciales relativement au rouissage des lins *de la Lys*, et nous espérons que le résultat de nos recherches prouvera de la manière la plus évidente l'absurdité de cette défense souvent portée par les gouvernements, et qui vient de se renouveler en Belgique par l'interdiction du rouissage du lin dans cette rivière, depuis le 10 juillet jusqu'au 10 septembre, c'est-à-dire pendant les mois où cette opération s'effectue sur une plus vaste échelle (1).

En 1828, à propos de la discussion de la loi sur la pêche fluviale, la question de défendre le rouissage du lin dans les rivières et canaux français fut discutée à la Chambre des pairs. Dans le projet du gouvernement, le trentième article du titre IV, consacré à la conservation et police de la pêche, était ainsi conçu :

» Le rouissage du lin, du chanvre et de toute autre plante textile dans les fleuves, rivières, canaux, et dans les ruisseaux y affluant, est défendu sous peine d'une amende de 25 à 100 fr.; toutefois, dans les localités où on ne pourrait suppléer au rouissage dans l'eau par un autre moyen, le Préfet, sous l'approbation du gouvernement, pourra accorder les concessions qu'il jugera nécessaires.

» Dans l'exposé des motifs, le ministère chargé de la présentation de la loi disait, à l'occasion de l'article 30 :

« Le danger du rouissage du lin et du chanvre dans les cours d'eau, dans les mares et dans les fossés, est généralement connu. La salubrité publique, la navigation et la conservation du poisson, appellent depuis longtemps un autre mode de débarrasser la filasse des plantes textiles. »

» Dans la discussion du projet, M. le comte d'Argout fit sur cet article 30 les observations suivantes :

« Cet article est non-seulement inutile, mais il est encore dangereux, car les intérêts doivent être pesés et comparés entr'eux. En effet, là où (le rouissage) est peu considérable, il ne saurait porter dommage à la pêche, et là où cette culture est considérable, elle constitue un intérêt supérieur à la pêche.

---

(1) Grâce aux démarches multipliées de M. Forrest, bourgmestre de la ville de Wervicq, l'époque de l'interdiction du lin dans la Lys a été prorogée jusqu'au 27 juillet. On ne saurait trop féliciter cet honorable magistrat du zèle qu'il a montré en cette circonstance.

» Au surplus, rien n'est moins certain que le dommage que peut causer le rouissage à la pêche. Des expériences déjà anciennes, puisqu'elles ont été consignées dans l'Encyclopédie, semblent constater que cette opinion est l'effet d'un préjugé populaire.

» Mais ce qui n'est pas un préjugé, ce qui est malheureusement un fait certain et avéré, c'est l'insalubrité du rouissage pour la population et les maladies épidémiques que ce rouissage ne propage que trop souvent. *En empêchant le rouissage dans les eaux courantes, où il n'offre aucun danger, vous forcerez à concentrer ce rouissage dans des mares croupissantes qui deviendront autant de foyers pestilentiels...* »

Un autre pair ajoute : « En France, comme dans le reste de l'Europe, on a jusqu'à ce jour fait rouir le chanvre dans l'eau des fleuves, des rivières et des ruisseaux ; si cet usage a quelquefois donné lieu à des réclamations isolées, elles n'ont jamais pu soutenir l'examen. Tout le monde comprend, en effet, que lorsque l'on plonge quelques poignées de chanvre dans une eau courante, les principes étrangers que la décomposition sépare de la fibre végétale se trouvent aussitôt entraînés par le courant sans nuire à la salubrité de l'air, ni même à la conservation du poisson, et le danger de l'opération est d'autant moindre qu'elle est faite dans une masse d'eau plus considérable. Les rivières de la Belgique, quoique peu rapides pour la plupart, offrent un exemple remarquable de ce que j'avance. La quantité du chanvre que l'on fait rouir sur leurs bords est telle, qu'à l'époque du rouissage leurs eaux m'ont paru noires comme l'encre.

» ...J'ai interrogé, continue le même pair, les habitants pour savoir si leur santé s'en trouvait altérée. » Jamais, lui a-t-on répondu, ils n'ont éprouvé le moindre inconvénient de cet usage, et il n'est venu dans la pensée de personne de le changer. »

» D'après ces considérations et plusieurs autres, l'article 30 du projet de loi fut supprimé (1).

---

(1) M. Mareau, page 247.

» Nous pensons avec MM. Parent-Duchâtelet, Dalbis de Salze et Biré qu'on a beaucoup exagéré les dangers des routoirs. Nous sommes convaincus que, *pratiqué dans les rivières et les étangs, le danger est nul*. Il n'en serait peut-être pas ainsi des routoirs en eau stagnante et concentrée, si ces opérations étaient suivies; mais on le sait, ces routoirs ne servent que l'espace de quelques semaines. Tout ce qui est roui en vert ne peut souffrir aucun retard; tout est fini pour ce genre de lins (et ce sont ceux pour lesquels on emploie les eaux les plus concentrées), tout est fini, disons-nous, quinze jours au plus tard après sa récolte (1).

» Le nombre des auteurs qui considèrent le chanvre comme pouvant procurer à l'air des qualités nuisibles est considérable, et parmi eux on compte plusieurs de ceux qui ont émis l'opinion que le rouissage ne nuit ni aux poissons, ni à la salubrité de l'eau, Bosc, Fodéré, tous ceux qui ont fait les lois et ordonnances du rouissage, les auteurs de l'article *Routoir*, de l'*Encyclopédie méthodique*, la Société d'encouragement pour l'industrie nationale, MM. Christian, Laforest, Charles de la Touche, et tous les pairs de France qui ont parlé dans le projet de loi sur la pêche fluviale. Cependant cette altération est contestée par plusieurs autres: M. Marc, l'Académie royale de médecine jusqu'à un certain point, les membres de la Commission sanitaire du département du Nord, enfin, les auteurs de l'article *Chanvre*, de l'*Encyclopédie méthodique*, rédigé par Teissier.

Si les questions de salubrité et de l'hygiène publique se décidaient à la majorité des voix, il serait facile, par une opération d'arithmétique, de découvrir la vérité; mais comme il n'en est pas ainsi, comment se reconnaître dans ce conflit d'opinions diamétralement opposées?... Les auteurs que nous venons de citer ont-ils bien observé? Se sont-ils trouvés dans les mêmes conditions? Quelques-uns n'avaient-ils pas un intérêt particulier à propager l'opinion

---

(1) M. Mareau, pag. 183.

qu'ils cherchaient à faire prévaloir? Ces suppositions, qu'il faut nécessairement admettre, ne viennent-elles pas ajouter à l'obscurité de la question et en rendre la solution encore plus difficile? Cependant cette solution doit avoir lieu, car elle intéresse à un haut degré l'industrie, l'hygiène rurale, et l'administration de tous les pays adonnés à la culture du chanvre et du lin. « Il reste démontré par tout ce qui précède qu'en ne s'appuyant que sur l'autorité des auteurs, on pourra soutenir toutes les opinions ; mais cet état de choses peut-il satisfaire un esprit judicieux? Peut-on croire qu'une question de cette gravité et qui touche à d'aussi grands intérêts, soit restée jusqu'à ce moment dans le vague et l'incertitude? (1) »

Le savant M. Mareau, comprenant la nécessité de trouver la solution de ce problème difficile, rapporte un très grand nombre d'expériences qu'il a faites relativement à ce sujet. « On me pardonnera, dit-il, d'avoir suspendu mon jugement, jusqu'à ce que des faits observés en grand nombre dans les pays adonnés d'une manière spéciale à la culture du chanvre, ou, au moins, des expériences directes faites plus en petit, soient venues jeter quelque jour sur cette matière (2). »

Quant à nous, nous pensons que le rouissage dans des routoirs, en des endroits où l'eau n'est pas abondante, pourrait peut-être présenter quelques inconvénients que l'on ne retrouve pas dans les rivières où l'eau est très abondante. Nous citerons à l'appui de notre opinion un établissement de rouissage du lin fondé près de la Lys et alimenté des eaux de cette rivière qui viennent se jeter dans des bacs-routoirs. Le lin qui se rouit dans ces bacs répand une odeur beaucoup plus forte que celui que l'on extrait des ballons, et l'eau dans laquelle ce lin a été roui est rousse ; sa couleur ressemble à celle de la bière. Ce qui nous porte à croire que si l'eau ne se renouvelait pas aussi abondamment dans la Lys elle pourrait aussi

---

(1) M. Mareau, page 251.
(2) Idem.

se corrompre comme l'eau des routoirs, et si cette rivière conserve sa limpidité, il faut probablement l'attribuer au grand volume d'eau qui se renouvelle chaque jour et sur la grande quantité de laquelle le rouissage ne porte aucune influence nuisible, attendu que l'analyse des eaux de cette rivière a prouvé, comme nous aurons l'occasion de le rapporter tout-à-l'heure, que le rouissage du lin ne porte aucune atteinte fâcheuse aux qualités des eaux de la Lys.

M. Mareau croit même que bien que répandant une odeur plus forte et plus désagréable que celle du rouissage du lin au ballon, le rouissage dans les eaux stagnantes n'est nullement nuisible aux riverains. Voici ses appréciations à ce sujet :

« L'odeur qui s'échappe des routoirs dont nous venons de parler est des plus fortes, surtout dans le moment où les lins en sont retirés. Nous avons personnellement assisté à plusieurs de ces opérations, et il nous a été fort difficile de supporter pendant longtemps l'odeur infecte qu'exhalait l'eau des routoirs et le lin qu'on en retirait. Cependant, les ouvriers occupés à ce travail, quoiqu'en contact immédiat avec le foyer d'infection, ne paraissaient pas en être gênés. Ils paraissaient familiarisés avec cette odeur que nous trouvions presque suffocante. En considérant la grande quantité de lin qui est roui dans le pays de Waës à une même époque, celle où les chaleurs de l'année sont plus fortes, et en remarquant que la plupart des chemins de cette contrée sont bordés de routoirs, nous avons pensé que cela pouvait avoir une influence fâcheuse sur la santé des habitants, principalement sur la santé de ceux qui se livrent habituellement aux travaux du rouissage. Nous avons, en conséquence, pris des renseignements sur les effets que pouvait produire le rouissage du lin dans les communes où il est le plus répandu. On nous a généralement affirmé que l'on ne s'apercevait pas qu'il y eût plus de malades à l'époque du rouissage que dans les autres temps de l'année. Nous reproduisons ici trois fois la même question faite dans le cours de l'enquête belge sur des points différents et les réponses qu'elles ont obtenues :

— 75 —

Le rouissage du lin est-il insalubre ? Non. Quand on rouit dans les fossés, il répand une mauvaise odeur.

Le rouissage du lin est-il insalubre ? Non. Il est anti-putride, il a préservé du choléra ; le poisson seul en souffre.

Le rouissage du lin est-il insalubre ? Il exhale une mauvaise odeur, mais je ne vois ni hommes, ni bestiaux malades. On fait boire aux bestiaux de l'eau où l'on a roui du lin.

« Nous avons en France une contrée qui ressemble à beaucoup d'égards à la Hollande ; les routoirs n'y sont pas moins nombreux que dans le pays de Waës, et la forme en est presque la même, dans ce sens, que le rouissage du lin et du chanvre se pratique dans des fosses dont l'eau est presque stagnante. C'est dans la Vendée que se trouve le pays dont nous parlons. Nous nous sommes renseigné, sur les lieux-mêmes, à un honorable médecin qui a bien voulu nous donner des détails sur ses observations, fruit de dix-huit années de pratique. Il en résulterait 1° que le bétail et même les hommes paraissaient boire impunément de l'eau qui se trouve en contact immédiat avec celle des routoirs ; 2° que les émanations des routoirs seraient un préservatif contre le choléra-morbus.

» Il n'en est plus ainsi d'un routoir industriel où en lieu clos, on fait rouir des masses de lin bien autrement considérables que celles confiées à tel ou tel routoir de la campagne, et cela pendant toute l'année, de manière que, dans un seul appartement on arrive à rouir plus de lin qu'on ne le fait sur 10, 15, 20 et 40 kilomètres carrés où cependant on agit à air libre. (1) »

Dans un rapport de M. Loiset au Conseil de salubrité du département du Nord (2), nous lisons le passage suivant en ce qui concerne le rouissage manufacturier de MM. Scrive dans leur établissement de Marcq.

---

(1) M. Mareau, page 183.
(2) Séance du 26 janvier 1852.

« Les cuves rouloirs sont plus grandes qu'à Belfast et de la contenance de 800 kilogrammes de lin brut. Nous les avons vu fonctionner à divers degrés de fermentation. Dès le début, la température n'y est que d'environ 15 degrés; de rares bulles gazeuses crèvent à la surface. Successivement, et par des courants de vapeur, la température du liquide est élevée et maintenue à 32 degrés. (90 Fahrenheit). Alors l'action chimique est dans toute son activité et se manifeste par une sorte d'ébullition tumultueuse résultant du dégagement des produits gazeux de la décomposition. Ces émanations sont très abondantes et ont une odeur putride analogue à celle des matières animales pourrissantes. Aussi croyons-nous, dès à présent, que pour le cas probable où la nouvelle industrie se naturaliserait parmi nous, il y aurait lieu de la soumettre à un classement et de pourvoir ensuite, par des précautions sanitaires, aux dangers que ces émations pourraient faire naître pour le voisinage et surtout pour les ouvriers travaillant dans le local des cuves. »

« ... Ajoutons contre l'innocuité des routoirs du système Schenck que l'autorité locale de Belfast a pris des mesures pour que les eaux de rouissage fussent conduites souterrainement hors des lieux habités, et que là, comme à Marcq, où les émanations sont comparées à celles des matières animales pourrissantes, il faut purger hebdomadairement les ouvriers ; qu'à Patrington les cuves sont recouvertes d'étoffes feutrées, par mesure de prudence en faveur des ouvriers, et qu'enfin, partout où il existe des établissements de ce genre, on s'est vu obligé à prendre des précautions exceptionnelles (1). »

Nous concluons de ces diverses recherches que le rouissage du lin le plus insalubre (s'il en est) est le rouissage manufacturier.

Que celui qui se pratique dans les fosses en approche.

---

(1) M. Marcau, page 184.

Et enfin que le rouissage du lin qui s'effectue dans les rivières l'est beaucoup moins. Nous irons même jusqu'à soutenir que le rouissage du lin de la Lys ne peut être aucunement nuisible, et que l'interdiction que vient de porter le gouvernement belge n'a aucune raison d'être et se trouve tout-à-fait arbitraire.

Il y a peut-être quelque témérité de venir appuyer ces raisons au moment même où le *Moniteur belge* vient porter la défense de rouir le lin dans la Lys, depuis le 18 juillet jusqu'au 1ᵉʳ septembre. Cependant, lorsque nous aurons rapporté nos appréciations à ce sujet, nous croyons que cette question sera résolue, et nous espérons que ces défenses apportées au rouissage du lin de la Lys, que nous avons eues à constater à plusieurs reprises et depuis de longues années, ne se renouvelleront plus. Puisse le gouvernement français ne pas acquiescer aux demandes réitérées du gouvernement belge, et ne pas sacrifier l'industrie nationale à la commodité ou au caprice d'une ville étrangère.(1).

---

(1) Le rouissage du lin de la Lys a été, en 1859, l'objet de nombreux débats dans les Chambres belges. La conclusion de ces discussions était favorable au rouissage, mais voilà que le *Moniteur belge* vient, à la fin de Juin 1860, porter un arrêté royal interdisant le rouissage du lin dans cette rivière. La feuille officielle contient le rapport des ministres de l'intérieur et des travaux publics, lequel rapport conclut en ces termes :

« Pour que cette mesure atteigne son but, il est indispensable qu'elle soit étendue au rouissage pratiqué dans la Lys française et mitoyenne. Des négociations sont engagées à cet effet. » Nous ne comprenons pas comment le gouvernement Belge puisse porter une telle défense, alors que l'année précédente les Chambres ne votaient pas l'interdiction du rouissage pendant les mois de juillet et d'août. C'est une complaisance trop facilement accordée, selon nous, aux habitants de Gand, qui attribuent au rouissage du lin de la Lys l'insalubrité des eaux dans cette ville, comme si les nombreux établissements industriels qui se trouvent le long de cette rivière, ne pouvaient pas être considérés comme laissant couler dans la Lys plus de matières putrides que celles produites par le rouissage du lin, dont nous rapportons les effets non préjudiciables aux populations.

Nous basons nos observations à ce sujet sur deux motifs principaux : Le premier c'est que l'odeur que répand le lin, soit qu'on l'extrait de la Lys, soit qu'on le sèche près de cette rivière, n'est aucunement nuisible aux riverains.

Le second, que l'action du rouissage du lin de la Lys n'est pas préjudiciable aux eaux de cette rivière.

Pour prouver la première de ces hypothèses, nous prendrons pour exemple la commune de Bousbecque, lieu où l'on rouit le plus de lin et au centre de l'agglomération de la commune. Nous extrayons le passage suivant d'un certificat délivré par M. le Maire de cette commune, le 15 octobre 1859, lors de l'enquête sur la salubrité des eaux de la Lys :

« Quoique presque tous les ouvriers passent la moitié de l'année sur les bords de la Lys occupés à la manipulation du lin, leur état physique est loin d'être plus mauvais que celui des habitants des communes industrielles où les ouvriers passent la plus grande partie de leur temps dans des établissements peu aérés. On peut s'en faire une idée par l'état des jeunes gens qui viennent chaque année se présenter devant le conseil de revision du canton de Tourcoing-Nord. Ainsi, si nous feuilletons les tableaux de recensement de l'année du canton de Tourcoing-Nord depuis la classe 1851 jusques et y compris celle de 1858, on verra que sur une population de 31,231 habitants, le canton nord de Tourcoing a fourni 530 soldats, soit environ 16 par 1,000 habitants, tandis que la commune de Bousbecque a fourni dans ce contingent, sur une population de 1,862 habitants, 50 soldats, soit à peu près 26 par 1,000, ce qui prouve que le voisinage de la Lys ne produit aucun effet fâcheux sur la constitution des riverains. Du reste, si consultant le registre des ordres de route délivrés aux jeunes soldats, nous examinons les corps où ces jeunes gens sont destinés, nous y lisons les régiments suivants : 1er de carabiniers; 3e, 5e et 10e dragons; 8e, 11e d'artillerie; 1er, 9e, 10e de cuirassiers, etc., etc., ce qui semble prouver que l'état physique des habitants de Bousbecque se trouve tout aussi bon et même supérieur à celui des populations des autres communes où l'agglomération n'avoisine pas une rivière et où l'on ne rouit pas de lin, et que ceux qui prétendent que la Lys et le rouissage du lin répandent des miasmes nuisibles aux populations riveraines, fondent leurs raisons sur des motifs que rien jusqu'aujourd'hui n'est venu confirmer. »

Quant à la seconde hypothèse, nous avons à l'appui de notre opinion l'analyse des eaux de la Lys dans laquelle on a roui du lin. Cette question a été grandement étudiée relativement au projet d'alimentation des villes de Tourcoing et de Roubaix, et le résultat de l'enquête faite à ce sujet est que l'eau dans laquelle on a roui le lin, *reprend de l'atmosphère les gaz que le lin lui a fait dégager.*

En présence de tels faits, nous espérons que le gouvernement français, loin de nuire à ceux qui s'occupent de la culture et de la préparation du lin en interdisant le rouissage du lin dans la Lys, y attachera une protection efficace dont ils ont un besoin réel.

« ... Pour que cette culture (la culture du lin) se maintienne et prospère, elle a besoin d'être protégée par le gouvernement contre la production étrangère qui ruine et décourage le producteur français.

» Depuis le xvi⁰ siècle, où il est fait mention de cette plante pour la première fois dans les actes du gouvernement, de nombreux édits et ordonnances ont constamment témoigné de l'intérêt dont l'industrie linière a toujours été l'objet de la part des gouvernements qui se sont succédés; mais depuis que le filage et le tissage sont passés des champs à la ville, depuis que ces diverses transformations qui étaient une annexe de l'agriculture sont tombées dans le domaine de l'industrie, deux intérêts se sont alors trouvés en présence. Dès-lors, l'agriculture a eu constamment à lutter contre les prétentions de sa jeune sœur; mais cette dernière, plus hardie, plus insinuante, possédant cette clef d'or qui ouvre, dit-on, toutes les portes, protégée d'ailleurs par un grand nombre d'institutions entourée de protecteurs puissants qui ne laissaient perdre aucune occasion de faire prévaloir son mérite, grâce à tant d'avantages réunis, parvint en peu d'années au plus haut degré de fortune et de prospérité. L'agriculture, au contraire, simple, timide, ne sachant dans son isolement faire usage de sa force ni de sa puissance, privée jusqu'à ces dernières années d'institutions qui auraient pu la garantir et la protéger, a presque toujours succombé dans la lutte, ce qui explique le découragement qui s'est emparé à plusieurs reprises du producteur français, et qui a failli anéantir presque complètement cette précieuse culture dans notre pays. »(1)

Cependant, nous sommes heureux de le constater, la culture du lin a eu constamment de nombreux défenseurs, et si malgré les vœux des Conseils généraux les droits d'entrée sur les lins n'ont pas été augmentés, c'est parce que les gouvernements successifs ont jugé qu'une protection complète était nécessaire à la filature française. Aux justes et nombreuses réclamations des Sociétés d'agriculture et des Comices agricoles, des Conseils d'arrondissement et du Conseil général du Nord, M. le Ministre de l'agriculture et du commerce fondait toujours ses refus sur la raison que l'Angleterre admet les lins en franchise complète.

M. Jules Brame, dans un rapport présenté au Conseil général du Nord (2), a réfuté avec avantage ces raisons; nous nous faisons un devoir d'en rapporter quelques extraits :

« En ce qui concerne l'Angleterre, notre réponse sera encore bien simple; l'Angleterre admet les lins bruts en franchise comme elle admet en franchise tout ce qui est céréale, tout ce qui est produit agricole, parce que l'Angleterre a pour principe et pour nécessité absolue de protéger avant tout ses manufactures.

» Est-ce le système de l'Angleterre que M. le Ministre veut admettre désormais ?

---

(1) *Conférence*, etc., page 7.
(2) Session de 1852.

» Il faudrait au moins avoir suivi son exemple dès le principe, car l'on sait qu'en fait de tarifs protecteurs l'Angleterre a fait ses preuves; elle sait que la liberté commerciale doit être dominée dans sa marche progressive par un principe supérieur qui veut protection pour tous les intérêts, pour toutes les existences, surtout pour celles qui souffrent. Qu'il nous soit permis de rappeler à M. le Ministre ces paroles de M. Defitte, relativement au système suivi jusqu'à ce jour par l'Angleterre : « *Ces barrières, à l'abri desquelles je suis née, dit l'Angleterre, derrière lesquelles j'ai grandi et acquis cette puissance qui me permet de défier le monde, ces barrières me sont devenues inutiles, elles arrêtent mon essor, renversons-les; vive la liberté du commerce, maintenant que je m'en suis assuré le monopole!*

» Si l'Angleterre était un pays exclusivement agricole, comme il n'est qu'un pays industriel, elle tiendrait, en faveur de son agriculture, absolument le même langage qu'elle tient en faveur de son industrie. »

Malgré les raisons les plus légitimes rapportées dans ce travail et dans plusieurs autres de même nature, l'augmentation des droits à l'importation des lins teillés ne fut jamais admise. A plus forte raison croyons-nous qu'il serait inutile de la solliciter de nouveau aujourd'hui que les principes internationaux tendent de plus en plus vers la diminution des tarifs. Cependant, pour que la culture et le commerce du lin puissent prospérer, il faut que la filature ait un écoulement facile pour ses produits, et cet écoulement des fils est seulement en vogue quand la toile se vend bien. Maintes fois il a été démontré que, pour que la filature et le tissage puissent prospérer, il est nécessaire qu'ils soient protégés par des droits de douane, et l'on conçoit facilement quelle inquiétude durent éprouver les grands centres manufacturiers depuis que l'abaissement des droits se trouve un fait presque accompli.

Pourquoi ne pourrait-on pas filer et tisser aussi bien, et à aussi bon marché en France qu'en Angleterre, disent tous les jours les partisans du libre-échange. M. E. Delsalle, membre du tribunal et de la chambre de commerce de Lille, a résolu cette question dans un remarquable travail. Après avoir exposé la situation de la filature de lin sous les différents tarifs, il rapporte en ces termes ce qui constitue l'infériorité de la filature française devant l'industrie française.

« 1° *Charbon.* — On calcule qu'à Lille, par exemple, une filature de mille broches filant en moyenne du n° 25, consomme par an 4,500 hectolitres à 1 fr. 60, soit 7,200 fr. de charbon. La même quantité représentera à Leeds une somme de 2,250 fr., soit 2 % de la valeur totale des produits (250,000 francs). Les deux villes prises ici comme termes de comparaison sont les plus avantageusement placées au point de vue du combustible.

2° *Machines.* — Il faut d'abord observer qu'il s'agit ici d'une industrie à son apogée de production, car les empiètements successifs du coton tendent à diminuer de plus en plus les emplois du lin, et l'expérience des dernières années a prouvé que nos 500,000 broches sont plus que suffisantes pour alimenter le marché national. Ainsi la question doit être envisagée dans son état actuel sans s'occuper des changemens qu'un avenir plus ou moins éloigné pourrait apporter dans la création d'établissements nouveaux. Les anciens établissements ont eu à payer sur leurs machines, d'abord une prime de contrebande de 100 pour 100, et en dernier lieu le droit qui, avec les frais de transport, monte environ à 50 % de la valeur anglaise.

Ajoutons que les améliorations successives apportées à toute industrie à son début ont nécessité de nombreuses transformations dans le matériel. Ainsi, il n'est pas de filature marchant depuis quinze ans, qui n'ait dû modifier trois et quatre fois son système de peignage. Il en est résulté pour l'industriel français une accumulation de droits ou surcharges que des bénéfices déjà très modiques n'ont pas permis d'amortir. C'est là un fait qui ne sera contesté par personne, mais qui ne peut se traduire en chiffres, son influence variant suivant la position personnelle de chacun.

Pour les établissements nouveaux, le calcul est plus simple à établir. Mille broches coûtent en Angleterre 50,000 fr.; en France, 75,000 fr. Cette dernière somme se compose de 50,000 francs, valeur intrinsèque, et de 25,000 francs plus-value motivée par les droits d'exportation.

Cette première nature de valeur pouvant disparaître à un moment donné, il est rationel d'appliquer aux machines françaises un amortissement de 15 %, alors que 10 % peuvent suffire pour les filatures anglaises.

3° *Capitaux*. — Dans le calcul qui précède, l'intérêt est porté au taux uniforme de 5 %. Il est cependant généralement reconnu que ce taux est, en Angleterre, inférieur en moyenne de 2 % à ce qu'il est en France, à cause de l'abondance des capitaux anglais et de la difficulté que le maintien du droit d'aînesse leur fait éprouver à se transformer en valeurs territoriales. De là le courant qui entraîne vers l'industrie une grande partie des capitaux disponibles.

Ainsi, un capitaliste anglais s'adjoint un manufacturier pour 10,000 broches; si on obtient un rendement de 6 p. %, on peut attribuer un bénéfice de 25,000 fr. à l'industriel, et le capitaliste trouve excellent un placement qui lui a rapporté 5 p. %. En France, la moyenne des établissements ne s'élève pas à 3,000 broches; de nos 180 filatures, 50 ne renferment pas plus de 1,000 broches possédées et dirigées par un seul individu. Il est évident que ces industriels ne peuvent se contenter d'un revenu de 6 p. %.

Le taux du rendement industriel doit donc subir une différence d'au moins 3 p. %. Or, en filature de lin, les capitaux nécessaires pour l'achat de l'usine, du matériel, et le fond de roulement équivalent à la valeur annuelle des produits, c'est donc encore une différence de 3 p. % à constater sur cette valeur.

4° *Importance des établissements.* — Tandis que les filateurs français ne contiennent pas en moyenne 3,000 broches chacune, pour l'Angleterre, cette moyenne s'élève à plus de 10,000 broches.

De l'importance même des filatures anglaises résulte une notable économie dans les dépenses d'installation, et surtout dans les frais généraux de direction, de surveillance et de main-d'œuvre, sans oublier l'immense avantage qui résulte de la subdivision du travail, au point de vue du prix et de la perfection du produit.

5° *Contributions, assurances, etc.* — La moyenne des assurances en Angleterre, pour les filatures de lin est de 4 p. %, en France de 6 p. %. Du reste, grâce au bon marché du fer, toutes les filatures anglaises construites depuis vingt ans sont à l'épreuve de l'incendie, et on ne fait assurer que les marchandises. Quant aux contributions, chacun sait que l'*income-tax* (impôt des patentes) varie suivant la position momentanée de l'industrie, et que tel manufacturier dont les pertes sont constatées, n'a rien à payer à l'état.

6° *Huiles, cordes, courroies, pièces de rechange, peignes, pots de tôle, rouleaux de gutta-percha, etc.* Il n'est aucun de ces objets qui ne s'obtienne meilleur marché en Angleterre qu'en France, et beaucoup de nos manufacturiers les tirent d'Angleterre, malgré les frais de transport et les droits qui les grèvent actuellement à l'importation.

La principale raison c'est que, par la subdivision du travail facilitée par ses immenses débouchés, l'Angleterre produit tous ses articles mieux et à meilleur marché. Le même motif explique pourquoi nos filateurs de lin commandent encore presque toutes leurs machines en Angleterre. Dans ce cas, ce n'est pas au bas prix, mais à la perfection du travail que la préférence est accordée. Il n'y a pas lieu de s'en étonner quand on songe que dans une industrie qui date de trente ans, les Anglais ont sur nous une avance de dix années.

En terminant l'énumération des causes qui maintiennent une inégalité permanente dans les conditions de production, M. E. Delesalle insiste spécialement sur l'infériorité relative de nos ouvriers. Il explique comment la filature anglaise produit, en soixante heures de travail par semaine plus que la nôtre en 66, d'où il conclut que le salaire qui paraît plus élevé dans certaines parties de l'Angleterre l'est moins, en réalité, qu'en France, si on tient compte de la part qu'il occupe dans le coût total du produit.

Quant à la fabrication de la toile, c'est surtout la concurrence belge qui est préjudiciable au département du Nord. En effet, les fabricants de la Belgique pouvant faire entrer les fils anglais *en transit* pour les exporter en toiles, spéculent sur la finesse de leurs produits, les fils n'étant vérifiés qu'au poids. Ainsi, par exemple, à supposer qu'ils feront constater à Anvers 10,000 kilogrammes de fils n° 80, si, à la sortie, ils présentent le même poids en toile fabriquée avec du fils belge n° 20, qui se trouve quatre fois plus lourd, ils resteront avoir définitivement en magasin les quantités différentielles, et pourront ainsi produire à très bon compte des toiles aussi remarquables par leurs qualités que leur finesse. Le salaire des ouvriers belges est aussi de 20 p. % plus bas que celui des tisserands en France. Ce n'est sans doute pas cette *amélioration* que demandent les libre-échangistes !

Nous espérons que le gouvernement continuera de protéger la culture et l'industrie linière selon leurs besoins respectifs. C'est à l'aide de cette protection que l'on pourra dire avec M. le Ministre de l'agriculture et du commerce : « Loin qu'il y ait antagonisme entre les intérêts de l'agriculture et de la filature, il existe, au contraire une raison intime entre les uns et les autres. En effet, plus l'industrie linière se développera, plus l'agriculture aura chance de placer ses produits avantageusement ; de même, plus l'agriculture améliorera ses produits, plus l'industrie indigène aura d'avantage à se pourvoir sur le marché national ; car il est toujours préférable d'acheter en première main que de passer par des intermédiaires. »

Nous sommes les premiers à nous féliciter de l'union qui existe entre la culture et l'industrie linière en général ; mais l'une comme l'autre n'a-t-elle pas besoin de la protection du Gouvernement ? Voici ce que dit M. Th. Mareau relativement à l'action du Gouvernement sur la culture et la préparation du lin : « Le travail dont nous nous occupons est une preuve non équivoque de la sollicitude du Gouvernement en faveur de l'industrie linière ; ses dispositions bienveillantes nous engagent à lui présenter avec confiance les quelques moyens par lesquels nous croyons qu'il pourrait contribuer au développement de cette industrie :

« ..... Par des mesures de douanes, le Gouvernement ... continuera à protéger l'agriculture en maintenant et en élevant même les droits d'entrée sur les lins étrangers. Le vœu que nous exprimons ici, uniquement au point de vue agricole et du travail national ... est justifié par la main-d'œuvre considérable qu'exige la préparation des lins teillés. Considérés sous ce rapport, on connaîtra que les droits actuels sont minimes, car si la France importe annuellement pour 30 millions de francs de lins, cette somme représente plus de 15 millions de frais de main-d'œuvre, d'un travail tout en dehors de ce qui concerne l'agriculture, et dont le salaire rendrait tant de services aux habitants de nos environs... » (1)

Nous ne pouvons passer sous silence un fait qui exerce une influence prompte et souvent imprévue sur le commerce du lin, et qui mérite spécialement notre attention.

En 1855 comme en 1858, lorsque la guerre est déclarée, un décret prohibe immédiatement à la sortie, les armes, produits et instruments de guerre dont pourraient se servir les ennemis. Ce décret dont tout le monde comprend l'urgence, embrasse dans sa nomenclature le *lin brut* ; c'est ainsi que lors de ces différentes guerres, nous avons vu nos lins prohibés à la sortie. Les lins

---

(1) M. Mareau, page 215.

doivent ils, raisonnablement être compris dans les articles dont l'exportation doit être interdite en cette occasion ?... Assurément non. Le Gouvernement semble l'avoir compris en 1859, puisque cette prohibition a été levée avant la fin de la guerre, mais comme le cas pourrait se renouveler, il n'est pas inutile d'examiner quelque peu cette question, bien plus importante qu'on le croirait au premier abord.

Si nous prenons pour exemple la guerre avec la Russie en 1855, nous verrons le blocus des ports de la mer Baltique déclaré. Les lins de Russie ont-ils cessé d'alimenter nos marchés français ?... Ils ne sortirent pas du port de Riga, c'est vrai, mais ils arrivèrent par terre jusqu'en Prusse, et le commerce se fit à Memel au lieu de Riga ; le seul inconvénient provint de l'augmentation des frais de transport, mais cela n'empêcha pas nos filateurs d'employer des lins de Russie.

Avec quelque nation que nous puissions devenir en guerre, il se trouvera toujours des pays neutres parmi lesquels les lins étrangers pourront circuler. Pourquoi alors empêcher l'exportation, quand l'importation est réelle et existe quand même ? Nous avons la confiance que si la guerre commençait à s'allumer avec une nation quelconque, le Gouvernement ne porterait plus les lins dans la catégorie des marchandises prohibées à la sortie. L'agriculture et le commerce en général, ne pourraient que souffrir si un tel état de choses se renouvelait.

Puisse le Gouvernement couvrir toujours de sa protection le commerce et l'industrie du lin, qui fait une des principales richesses de la France... « L'exemple de la Russie, de l'Angleterre et de la Belgique, qui ont tant fait en faveur de leur industrie linière, est bien capable d'engager à suivre la même voie. Par ordonnance royale du 26 juin 1849, le gouvernement de Belgique proroge les délais des arrêtés antérieurs, allouant des primes à la sortie des tissus de lin et de chanvre et des fils retors. Ces primes, pour les pays hors d'Europe étaient maintenues à 11 et à 12 pour 0/0 *ad valorem*.

Tant que l'industrie anglaise a eu à redouter la concurrence étrangère, son gouvernement l'a fortement protégée par des primes et autres moyens. La Belgique ne se borne pas à accorder des primes ; elle a, dans sa sollicitude pour l'industrie linière, créé des ateliers modèles, où les meilleures méthodes sont enseignées aux ouvriers qui doivent l'entretenir et la perfectionner ; elle propage et distribue gratuitement, des outils perfectionnés... » (1)

En proposant l'exemple de la Belgique pour les avantages accordés à l'industrie linière, nous venons de nouveau rappeler combien la défense de rouir dans la Lys est peu en rapport avec ces avantages ! Si, pour notre part, nous pouvons présenter à notre tour nos vœux concernant les améliorations que réclame la culture et l'industrie linière, nous dirons : Puisse le Gouvernement suivre les exemples des pays voisins, quand ils sont utiles et favorables à l'agriculture et à l'industrie ; mais aussi qu'il sache les éviter, lorsqu'elles leurs sont nuisibles.

Notre petite *Notice* était sous presse, quand le *Moniteur industriel*, qui emprunte aux journaux anglais, leurs informations sur la suite des négociations relatives au nouveau tarif, reproduisait l'article suivant :

« Le *Times* du 22 octobre 1860, nous fournit dans sa correspondance de Dublin, des détails sur ce que l'on sait en Angleterre relativement au tarif des lins et aux vastes espérances que ces nouvelles ont répandues parmi les industriels de l'Irlande. Le correspondant s'exprime en ces termes : « Il circule, dans nos
» cercle commerciaux, que des informations ont été obtenues sur
» les conditions auxquelles les fils et les tissus de lin seront admis
» en France d'après le nouveau traité. On affirme que le principe

---

(1) M. Marcau, page 216.

» du droit *ad valorem* sera adopté ; et on parle de 10 p. %.
» Ces termes seraient beaucoup plus favorables que le commerce
» n'avait aucune raison d'y compter, et nous désirons seulement
» que la nouvelle ne soit pas trop bonne pour être vraie. Pourtant
» des personnes bien informées dans cette industrie ne peuvent
» s'enhardir jusqu'à espérer des conditions si hautement avanta-
» geuses que celles dont il est question et ne reçoivent ces rumeurs
» qu'avec circonscription. »

L'*Echo du Nord* (n° du 26 octobre 1860), après avoir reproduit cet article le fait suivre des réflexions suivantes auxquelles nous ne pouvons que nous associer :

« Ces nouvelles, si heureuses pour les Anglais, que le *Times* ose à peine y croire, nous sont malheureusement confirmées par des lettres arrivées ce matin à Lille, et qu'on nous communique au moment de mettre sous presse. »

» Si nous en croyons ces renseignements, le droit *spécifique* sur les fils de lins serait de 10 p. % jusqu'au 120. Il y aurait une sixième classe du 120 au plus fin, mais comme on n'a pu s'entendre sur la valeur moyenne de cette classe, le droit serait, pour cette catégorie, perçu *à la valeur*. »

» Pour les toiles le droit serait de 15 p. % *ad valorem*. Les cotons ne seraient pas mieux traités. On accorderait aux fils et tissus de coton un droit moindre d'un quart de celui proposé par le rapporteur du conseil d'enquête. »

» Ce résultat si déplorable, et que les renseignements fournis à l'enquête ne pouvaient faire prévoir, a consterné les industriels en ce moment à Paris. Ils ont demandé une audience à l'Empereur ; puissent-ils être écoutés !…

» Nous n'avons rien à ajouter. Nous avons combattu dans la mesure de nos forces un traité dont nous avons toujours redouté les conséquences pour l'industrie de notre département et pour la France entière. Nous ne pouvons plus que laisser la parole aux faits, tout en disant que l'avenir trompe nos prévisions. »

» G. MASURE. »

VII.

Coup-d'œil sur l'état actuel de la culture et du commerce de lins dans l'arrondissement de Lille, et des améliorations qu'ils réclament.

Après avoir parcouru les diverses péripéties auxquelles la culture et le commerce de lins furent assujetties depuis le commencement de ce siècle, qu'il nous soit permis d'examiner sommairement l'état actuel de la culture et de l'industrie linière dans notre contrée.

Nous avons vu les mauvais résultats des récoltes de lins en 1858 et 1859, les lins de cette année, très préjudiciables aux fabricants ont été de peu de qualité et ont rendu peu de filasse. Toutes les vues sont portées sur le résultat de la nouvelle récolte, et en l'attendant, le commerce est presque nul. Il se vend très peu de lins à l'exception toutefois de quelques parties de la récolte 1857 qui devenant assez rares, sont bien recherchées.

Comme nous avons eu l'occasion de le constater dans l'examen des principaux faits qui ont rapport à la récolte et au commerce du lin, autrefois, le résultat de la récolte influait considérablement sur le prix du lin et sur les demandes formées par le commerce. Mais il n'en est plus de même aujourd'hui ; nous avons vu, en 1859, les lins étant mal réussis dans notre contrée, les industriels aller acheter des lins *en tiges* dans l'intérieur de la France, et après les avoir fait venir en bateau, les rouir et les teiller dans nos parages et obtenir des lins récoltés en Artois et en Picardie des qualités tout aussi favorables que si ces lins étaient récoltés dans l'arrondissement de Lille.

Du reste l'expérience n'a-t-elle pas démontré que le lin qui obtient les meilleures qualités est celui qui a été récolté dans un terrain vierge de cette culture? N'est-ce pas à un renouvellement trop fréquent que l'on peut attribuer une des causes de la maladie que nous avons appelée *froid-feu* ? Nous savons, et l'expérience nous l'a maintes fois démontré, que si beaucoup de cultivateurs n'obtiennent plus les heureux résultats que l'on est si fier de constater, relativement à la culture du lin dans notre pays, c'est parce que depuis huit ans le lin s'est vendu un beau prix sur terre et que l'on en a augmenté la récolte? Aussi les cultivateurs des départements qui ne connaissaient pas cette culture l'exploitent-elle déjà d'une importance remarquable qui ne fera qu'augmenter, à la vue des avantages qu'ils en retireront.

M. Th. Mareau a fait des recherches remarquables sur les divers départements qui s'occupent de cette culture, et d'après l'analyse géologique des terrains, il a prouvé que cette culture peut prendre une plus grande extension, car il se trouve maintes contrées favorables à cette culture qui ne la pratiquent pas encore. Dans tous les pays, du reste, ne voit-on pas la culture du lin prendre une extension extraordinaire, que l'on conçoit aisément à la vue des quantités innombrables de lins qu'emploie l'industrie linière et dont la ville de Lille ne nous offre un exemple que trop frappant.

Remarquons-le, si la culture et le rouissage du lin ont été très-souvent l'objet d'une indifférence regrettable de la part du Gouvernement, surtout depuis l'importance de ses produits manufacturiers, il n'en a pas été de même des Sociétés d'agriculture qui ont montré un intérêt particulier pour cette importante culture. L'Angleterre surtout, elle qui emploie tant de lins, et en récolte si peu dans ses possessions, l'Angleterre, disons-nous, a fait des efforts inouïs pour propager la culture du lin. Voici comment M. Dermott exprime à la chambre anglaise les avantages de cette culture :

« L'analyse des tiges du lin démontre que les parties qui sont employées par la fabrication sont presque exclusivement em-

pruntées à l'atmosphère. En effet, les éléments inorganiques du sol entrent pour une si petite proportion dans la composition de la fibre, qu'une expérience a prouvé que cent livres de fibres ne contenaient pas plus de deux livres de matière minérale, composée de chaux, magnésie, oxyde de fer, acide carbonique, acide phosphorique, acide sulfurique et silice. C'est la partie ligneuse de la plante, la partie résineuse de la graine avec ses cosses et ses capsules qui empruntent au sol son acide phosphorique et autres agents fertilisants. Si le lin ne devait pas, comme les autres plantes, rendre au sol quelque chose de ce qu'il lui emprunte; si la graine était jetée dans la fosse à rouir, avec la tige pour s'y corrompre; si au lieu d'être employée comme fourrage la paille et les parties ligneuses étaient enfin rendues tout-à-fait impropres à la nourriture du bétail, et par suite à l'engrais des terres, (1) alors sans aucun doute, le lin, comme beaucoup d'autres, serait une plante épuisante. Une expérience pratique a prouvé que, bien loin d'épuiser le sol, une culture prudente et judicieuse du lin le renouvelait plutôt. (2) »
Nous avons du reste fait remarquer avec M. Lecat-Butin que la culture du lin « laisse une terre libre pour l'époque la plus favorable à la semaille des navets, des plantes de colza, etc. » (3)

L'on conçoit après de tels avantages, combien la récolte du lin a pris d'extension dès que les cultivateurs virent un écoulement certain de leurs produits par le nombre toujours croissant de filatures de lin. Cette recrudescence ne pourrait-elle pas devenir nui-

---

(1) Les diverses considérations spécifiées dans ce rapport nous paraissent très concluantes ; mais nous n'avons jamais compris comment la partie ligneuse du lin pourrait servir de nourriture aux bestiaux. M. Dermott aura sans doute confondu cette partie du lin avec les cosses et capsules mélangées à la mauvaise graine qu'on cuit dans l'eau, et qui sert de breuvage pour les animaux.

(2) M. Mareau, page 335.

(3) *Conférence*, etc., page 22.

sible à la culture de notre département qui, il y a vingt-cinq ans à peine avait encore le monopole de cette culture en France?..... Non, assurément non, pourvu que les cultivateurs et les fabricants de lins mettent toujours le même soin à la culture et à la préparation du lin. Les connaissances approfondies de nos agriculteurs et l'excellente méthode de notre rouissage mettront toujours nos lins de Flandre au-dessus des autres contrées, et la mauvaise qualité de la plupart des lins qui nous viennent de tous pays ne fera que rehausser la qualité des lins de la Lys. Mais pour maintenir cette supériorité incontestable, nous devons redoubler de zèle et d'attention pour tout ce qui concerne cette culture, ainsi que le rouissage et la préparation du lin.

Pour la culture :

Bien préparer la terre et bien disposer l'assolement, mettre un soin tout particulier dans le choix de la graine, (1) bien nettoyer le lin, le cueillir à son temps, afin qu'il ait de la qualité. Il faut avouer que les soins apportés au cueillage du lin ont beaucoup diminué dans l'arrondissement de Lille, surtout depuis une quinzaine d'années; le lin était auparavant cueilli par les fermiers et leurs

---

(1) L'examen du tableau des exportations de Riga, nous montre une augmentation presque incroyable dans l'exportation des graines de lin à semer, dites de tonne, dont nous avons eu l'occasion de constater la supériorité. La grande quantité de tonnes que l'on emploie prouve 1° que l'on reconnait généralement la supériorité de cette graine pour l'ensemencement des lins en France ; 2° le nombre toujours croissant de ces ensemencements.

Il a été exporté en France, de Riga :

En 1849...... 6,185 tonnes. En 1856...... 17,708 tonnes.
    1850...... 8,448 —   1857...... 26,001 —
    1851...... 8,410 —   1858...... 22,415 —
    1852...... 15,113 —   1859...... 10,615 —
    1853...... 16,127.*

(*) Le port bloqué en 1854 et 1855.

ouvriers qui effectuaient ce travail avec la plus minutieuse attention tandis que depuis que l'industrie absorbe tous les bras, et que l'agriculture est forcée d'aller chercher des ouvriers peu expérimentés dans de pauvres contrées en Belgique, ce travail est souvent mal effectué; le lin est mal cueilli, les tiges sont inégales et le fabricant éprouve la plus grande difficulté dans la préparation du lin. Enfin, la récolte doit être l'objet de la plus grande vigilance de la part des cultivateurs, afin que le lin ne soit point lié et surtout engrangé avant d'être dans un état de disseccation convenable.

De leur côté, il importe aux rouisseurs d'apporter une attention particulière, pour obtenir non-seulement une filasse de première qualité, mais encore un rendement convenable. Nous avons vu les divers progrès que le rouissage du lin de la Lys a accomplis depuis la filature mécanique du lin; ces perfectionnements, que nous avons été si heureux de constater nous font espérer que les rouisseurs de lins de la Lys continueront à suivre la voie de progrès dans laquelle ils ont acquis cette belle renommée, et qu'ils témoigneront ainsi combien ce rouissage est digne de la protection du Gouvernement, ce que semble oublier la Belgique dans les nombreux embarras qu'elle suscite aux rouisseurs de lins de la Lys.

Et puisque l'usage du lin devient chaque jour plus répandu, pourquoi n'augmenterions-nous pas le rouissage des lins de la Lys? Les communications entre les diverses contrées deviennent de plus en plus faciles, pourquoi n'irions-nous pas acheter aux cultivateurs de l'intérieur les bons lins qu'ils ne savent ou qu'ils ne peuvent pas bien rouir? l'expérience nous a démontré que l'on pouvait obtenir de ces lins les résultats les plus favorables, et les nombreux arrivages de lins des départements du Pas-de-Calais et de la Somme, etc. sont venus combler dans nos contrées le déficit provenant des mauvaises récoltes de 1858 et de 1859. Le travail en vient chaque jour plus facile par l'exploitation de teillages mécaniques, dont nous voyons chaque jour de nouvelles applications, et qui ne tarderont pas, nous en avons la certitude, à produire des résultats presque aussi favorables que ceux obtenus actuellement de *l'étang*.

M. Mareau signale diverses améliorations nécessaires au commerce et à l'industrie linière. Il demande d'abord à ce que l'on classe les lins, comme cela se pratique en Russie. « Les lins de Russie, dit-il, sont d'une qualité inférieure aux autres lins d'Europe; cependant la vente en est régulière et facile.

D'où vient cela ?.... Dans ce pays, tous les lins sont classés et réunis par qualités aussi uniformes que possible ; chaque balle reçoit une marque qui indique la qualité qu'elle renferme. C'est là un avantage que les filateurs savent apprécier. Ils y tiennent d'autant plus que, en général, chaque établissement a son genre particulier pour lequel il faut des qualités spéciales. Le classement régulier des lins par qualité est donc un moyen d'en faciliter la vente. Nous le conseillons aux cultivateurs d'abord, puis aux intermédiaires qui pourraient se livrer au commerce des lins »

Le vœu exprimé par M. T. Mareau est excellent par lui-même, mais est-il nécessaire dans les lins de l'arrondissement de Lille, comme dans les lins de Russie ?... D'abord en ce qui concerne le classement des lins par le cultivateur, comme il vend ordinairement son lin sur pied, ou qu'il le fabrique lui-même, le classement n'est aucunement nécessaire. Quant au commerce, il ne serait peut-être pas inutile d'avoir pour ces différentes qualités des marques distinctives; cependant, comme dans le lin de la Lys, le prix fait à peu près connaître la qualité du produit, les filateurs n'ont jamais cherché à marquer ou numéroter les diverses qualités de lin. Il n'en est pas de même pour l'exportation en Angleterre qui ne se fait, le plus souvent qu'après le classement désigné plutôt par la différence des prix que par celle de la qualité.

On désigne généralement les lins de la Lys qu'on expédie en Angleterre, par des numéros qu'on appelle un tiers, deux tiers, un quart, deux quarts, etc. et dont on se fera une idée par l'aperçu suivant, classé suivant les prix actuels des lins de la Lys.

$\frac{1}{3}$ Lins très fins de 40 couronnes et plus, soit environ		6 fr. la botte.	
$\frac{2}{4}$ Lins de 35 à 40 couronnes, soit	4 »	à 6 ,	—
$\frac{1}{4}$ — de 30 35 id.	4 50	5 »	—
$\frac{2}{5}$ — de 25 30 id.	3 65	3 50	—
$\frac{1}{6}$ — de 23 25 id.	3 50	4 75	—
$\frac{2}{6}$ — de 20 23 id.	3 »	3 50	—
$\frac{1}{6}$ — de 18 20 id.	2 60	3 »	—
$\frac{2}{8}$ — de 16 17 id.	2 30	2 60	—
$\frac{1}{7}$ — de 14 16 id.	2 »	2 30	—

Ce qui fait, comme on peut le voir, que les numéros ont plutôt pour objet le prix du lin que sa qualité, et qu'on peut presque suppléer au classement par le prix. On conçoit du reste, que d'une maison à une autre, il peut exister une certaine différence, suivant l'idée ou la connaissance du classeur, en sorte que telle maison portera par exemple un lin de $\frac{2}{4}$, tandis que le lin sera considéré seulement comme $\frac{2}{5}$ ou $\frac{1}{5}$ par d'autres filatures. Nous pensons, quant à nous, que le classement des lins de la Lys serait sans utilité, le prix indiquant suffisamment la qualité des produits.

Parmi les autres avantages cités par l'excellent M. Mareau, nous trouvons encore l'utilité des voies de communication. En effet, cette mesure qui touche au plus haut point à l'industrie en général, est urgente pour l'industrie linière. Depuis plus de deux cents ans on trouve dans les archives des communes de l'arrondissement de Lille, des demandes adressées par les habitants aux magistrats de la province, sollicitant la construction de routes *pour conduire leurs lins à la rivière.*

Il faut l'avouer, à aucune époque cette question n'a été mieux appréciée que de nos jours. Puisse le Gouvernement continuer à mettre tous ses soins dans l'amélioration des voies de communication dont les avantages sont incontestables pour les diverses branches de l'industrie !

Enfin, M. Mareau sollicite l'application de marques de fabriques,

« cette mesure, qui serait avantageuse aux consommateurs, ne pourrait nuire qu'aux fabricants de mauvaise foi. Elle aurait aussi pour effet de rétablir notre position sur les marchés étrangers, et par suite, de favoriser toutes les industries qui participent à nos exportations. »

M. Mareau termine par quelques considérations en faveur des toiles de lin, comparées à celles de chanvre pour les armements maritimes. « L'expérience qui en a été faite, dit-il, tend de plus en plus à leur préférer les toiles de lin, comme présentant une économie importante dans les frais d'armement, plus de résistance, plus de durée, plus de souplesse, et comme étant par conséquent d'une manœuvre plus facile. »

A côté de ces avantages incontestables de l'industrie linière sur le chanvre, nous croyons devoir rappeler la supériorité des toiles de lin comparées aux toiles de coton. A maintes reprises, l'industrie linière a fait appel au Gouvernement contre l'achat de chemises en coton pour fournitures militaires, et malgré les avantages remarquables constatés par les industriels sur la toile de lin affectée à cet usage, nous croyons que le Gouvernement, sans avoir égard à la solidité et à la salubrité des toiles de lin, partage ses achats, sous prétexte, sans doute, que les fournitures en coton s'obtiennent à meilleur marché, et aussi qu'il faut favoriser l'industrie cotonnière, principale branche de nos colonies. Nous espérons que les raisons qu'on a alléguées en faveur du lin seront bien comprises et que l'on rendra enfin justice à la supériorité incontestable des toiles de lin.

Pour ce qui concerne spécialement les lins de la Lys, nous demanderons que l'arrêté de M. le Préfet du Nord, concernant la salubrité des cours d'eau soit bien exécuté. Nous ne craignons pas de l'assurer, et nos raisons trouveront de l'écho près des riverains de la Lys, les fabriques qui avoisinent les rivières, et les égouts qui s'y jettent à la sortie des villes nuisent davantage à la limpidité des eaux que le rouissage du lin. Il suffirait pour s'en convaincre, d'examiner les eaux de la Deûle, dans les environs de Wambrechies ou Quesnoy-sur-Deule, alors que l'on n'y a pas encore fait rouir du lin, l'on connaîtra aisément que cette eau est beaucoup plus insalubre que dans les centres de rouissage du lin, et si les habitants de la ville de Gand qui se montrent si acharnés contre le rouissage, venaient suivre les bords de la Lys, à une demi-lieue en avant de leur ville, ils verraient bien que les grandes usines qui y fonctionnent y corrompent les eaux, qui sont bien limpides, et ne répandent aucune odeur désagréable à une lieue de cette ville. Il nous serait du reste facile de prouver notre assertion par des faits. Il y a vingt ans et plus, on ne se plaignait jamais du rouissage, et cependant le lin se rouissant alors *en une seule fois*, devait exercer une action de dix à quinze jours consécutifs, tandis qu'aujourd'hui on ôte le lin de la rivière au bout de six à huit jours, et il est hors de doute que, si le lin exerçait une influence défavorable sur les eaux, cette action serait plus violente aux derniers moments du rouissage, alors que la paille se trouve en état de putréfaction fort avancée.

Enfin, nous croyons que ce serait un avantage réel pour le commerce des lins de la Lys, si la vente des lins se faisait au kilo au lieu de se faire à la botte. On sait qu'actuellement le lin se vend par bottes de 1 kilo 420 gr. (72 bottes pour 102 kilog. 1/2 net), et si le prix en était réglé en francs et centimes au lieu de *livres tournois* ou de *couronnes* dont on se sert encore pour la vente du lin, les calculs en seraient bien plus faciles. Pourquoi ne suivrait-on pas pour le lin l'application du système métrique ? Nous pensons qu'un arrêté de préfecture qui ordonnerait la vente *au kilo*, et le prix en francs et centimes rendrait un service réel aux filateurs et aux négociants qui auraient beaucoup plus de régularité et de facilité dans leurs transactions commerciales.

Telles sont les diverses améliorations que réclame, selon nous, l'industrie linière en général et spécialement celle qui a rapport aux lins de la Lys. Si les cultivateurs continuent à mettre tous leurs soins dans la culture du lin ; si les rouisseurs ne s'arrêtent

— 99 —

pas dans la voie du progrès où nous avons été heureux de les trouver; enfin, si le Gouvernement appuie de sa protection cette belle et riche industrie linière, la haute renommée des lins de Flandre que nous avons été si fier de rappeler, ne fera que s'accroître de jour en jour.

TABLE

	Pages
Au lecteur	3

I. Supériorité du lin de Lys ou de Courtrai. — Antique renommée des lins de Flandre. — Recherches historiques sur la culture et le commerce de lins dans ce pays. — Entraves apportées au rouissage du lin et du chanvre . . . 10

II. Rouissage du lin dans les *montées*. — Rouissage au ballon. — Blanchissage du lin. — Aperçu sommaire de la récolte et du commerce de lins dans l'arrondissement de Lille jusqu'en 1830. 19

III. Culture, rouissage et commerce de lins dans l'arrondissement de Lille, depuis 1830 jusqu'en 1860. . . . 35

IV. Triage du lin. — Doit-on le rouir l'année de sa récolte ? — Supériorité des lins de la Lys sur les différents procédés de rouissage du lin relativement à l'économie, la qualité et la quantité des produits. 49

V. Divers inconvénients considérés au point de vue pratique dans les différents modes de rouissage manufacturier du lin. — Teillage mécanique du lin comparé au teillage à la main 57

VI. Protection nécessaire à la culture et à l'industrie linière, particulièrement en ce qui concerne le rouissage et les droits de douane à l'importation des lins. . . . 69

VII. Coup-d'œil sur l'état actuel de la culture et du commerce de lins dans l'arrondissement de Lille, et des améliorations qu'ils réclament. 80

www.ingramcontent.com/pod-product-compliance
Lightning Source LLC
Chambersburg PA
CBHW070307100426
42743CB00011B/2385